JN155235

とりカフェさんぽ

Shall we go to bird cafe?

メンフクロウ（フクロウカフェ もふもふ）
表紙：オカメインコ、ホオミドリアカオウロコインコ（ことりカフェ吉祥寺店）

とりカフェさんぽ Contents

第1章 インコ、オウム、ブンチョウに会えるお店 8ページ

お店紹介

第2章 フクロウのいるお店 32ページ

お店紹介

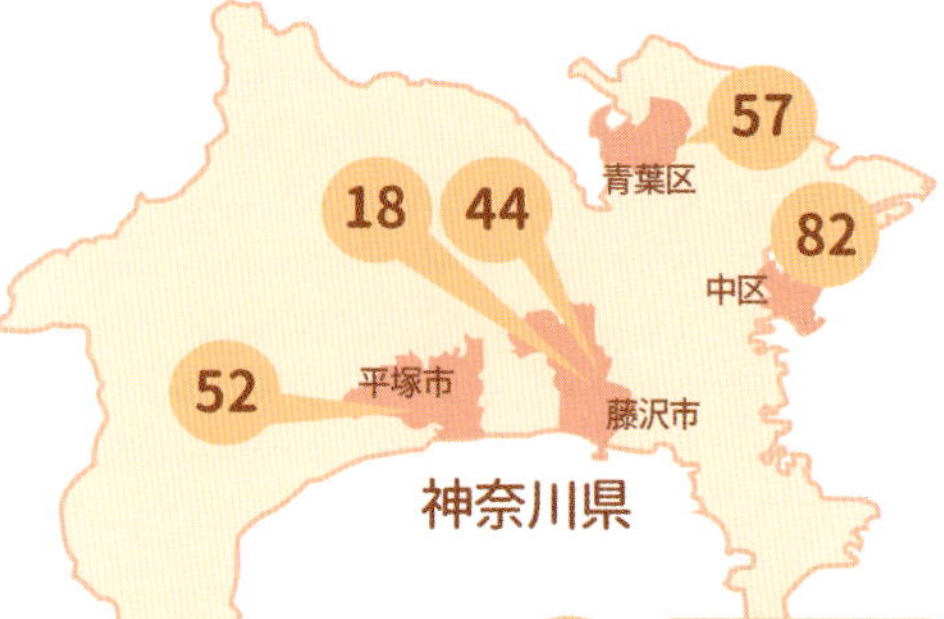

とりカフェ MAP

東京都

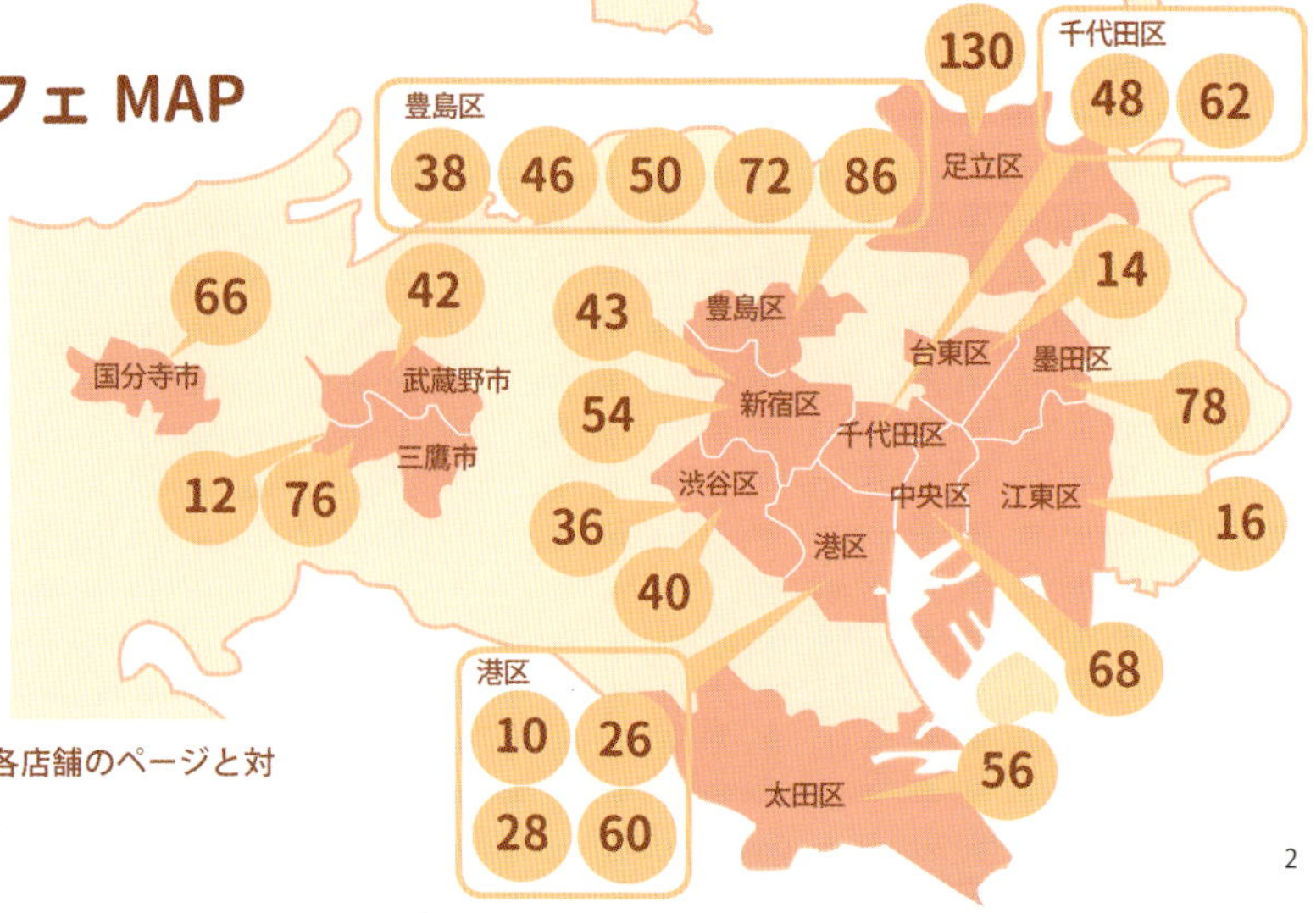

地図の番号は各店舗のページと対応しています。

とりカフェ MAP

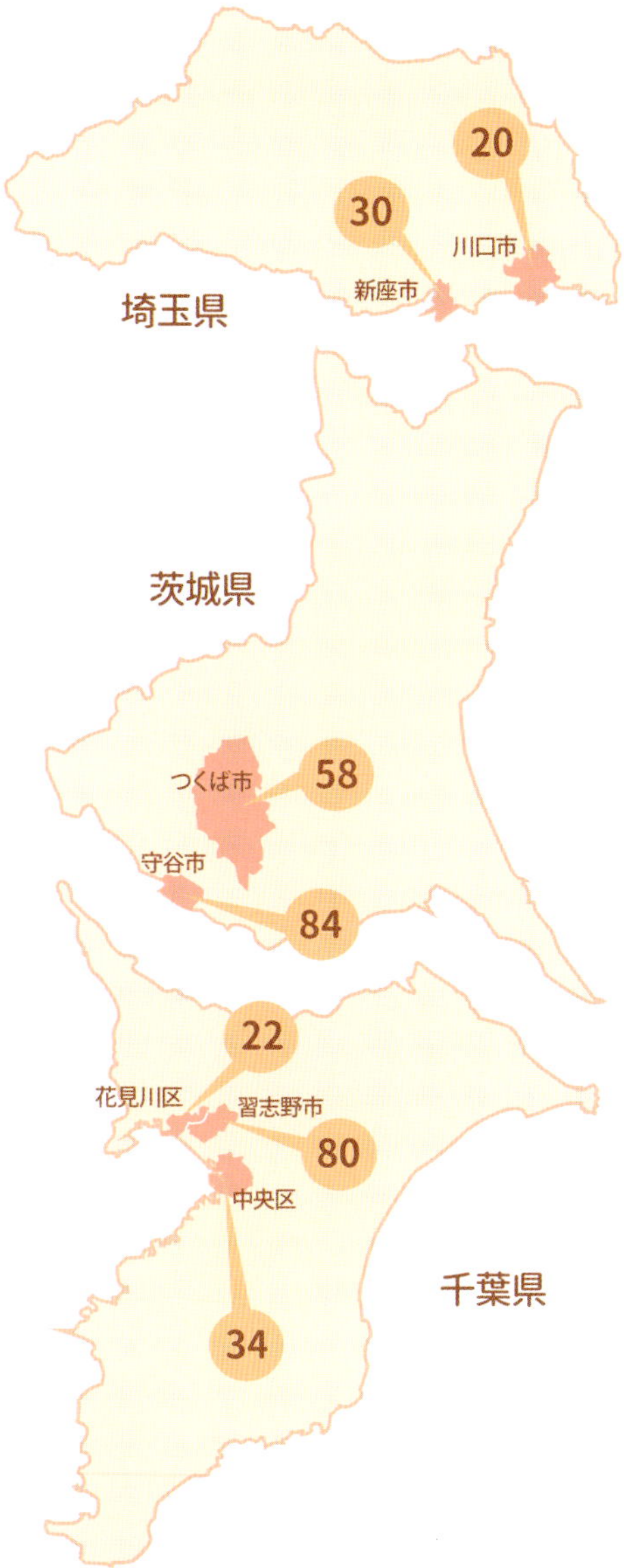

第 3 章 鷹、フラミンゴ、ペンギンのいるお店 75 ページ

お店紹介

第 4 章 もっと楽しもう「とりカフェ」 87 ページ

鳥グッズ bird good's collection

図鑑、用語 etc

鳥好きコラム

お店の紹介ページ、グラビア、コラムでは、標準和名を使わずに、通称やお店で実際に呼んでいる種名を使用しています。

ことりカフェ表参道

SALON MORE NEST

ことりカフェ吉祥寺

鳥のいるカフェ・浅草店

オウムのカフェ・FREAK

Cotorimi Cafe いこ〜よ

Cafe HOHO

フクロウに会える店　ふわふわ

ふくろうのみせ

しあわせをよぶ フクロウの城・原宿

鳥のいるカフェ・木場店

ふくろうカフェ福来楼・本牧店

ふくろうと会える喫茶店　ふくろうの家

ペンギンのいる BAR

猛禽類のギャラリー＆カフェ　鷹乃眼

鳥のいるカフェ・浅草店

Owl park（あうるぱーく）

第１章

とりカフェさんぽ

インコ、オウム、ブンチョウのいるお店

コガネメキシコインコ（鳥のいるカフェ・浅草）

東京都港区・青山

ことりカフェ表参道

知らない女子がいないくらいの有名人気店。

仲良しこよしのコザクラインコ。

せっかく行ったら、めいっぱい楽しまなくちゃ。

表参道の裏路地にぴったりの、おしゃれでかわいい入り口。それだけで、「来たー!」って気分になる。入口近くの鳥雑貨コーナーがすごく気になりつつ、案内してくれる店員さんについて行く。後でゆっくり見なくちゃ。席に着く前から、鳴き合うインコたちの声が聞こえる。席に着いてお決まりのケーキセットを注文。鳥モチーフのケーキたちは、ついついコンプリートしたくなってしまう。ガラスの向こうでは、たくさんのインコたちが自由に飛び、動き回っている。「ブーラブーラ、パタパタ。ブランコで羽繕い。ほかのインコが揺らすから、別の止まり木にピョン。大好きなコがいる、ピトッとくっついちゃおう」無軌道で、気まぐれなインコたちの動きは、水槽の魚や焚火同様に、人の心を癒す効果があるそうだ。小さな籠で

ことりグッズがたくさん。お買い物だけでも入店可。

はなく、これだけ広いスペースならばその効果も抜群だろう。お客さんもは皆、写真を撮って、ケーキを食べて、グッズを買って、「次はもふもふタイムやろうか?」「どの子にしようかな～?今日こそはタイちゃん」「ばさばさばさ～うわ～、きゃー」まるで童心にかえったように素直に楽しめるのは、例の癒し作用が効いているのかも。

女性のグループや、カップルでいつも賑わっていることりカフェ表参道店。穴場は、平日、とのこと。最近、男性の来店も増えている。せっかく行ったら、めいっぱい楽しまなくちゃね。

さまざまな品種のセキセイインコたち。

ことりカフェオリジナル「モモイロインコのニオイのポップコーン」(左)ことりカフェオリジナルことりスイーツ（右）

ことりカフェ表参道

http://kotoricafe.jp

住　所	〒107-0062 東京都港区南青山 6-3-7	生体販売	なし
TEL	03-6427-5115		
営業時間	11：00 ～ 19：00	定休日	第 3 月曜日 ※祝日の場合は翌日
料　金	もふもふ体験　11:00 ～ 17:00 1 回 5 分 ￥500+ 税 3 名様まで 木曜日は「もふ曜日」 もふもふ体験無料サービス カフェ利用のお客様のみ　★ケーキ、食事あり		
アクセス	東京メトロ半蔵門線・千代田線・銀座線の表参道駅 から 616m（B 1、B 3 出口 エスカレーター有) P：近隣にコインP。		
撮影メモ	f 5.6 1/200 ISO2000		【ことりカフェ心斎橋も OPEN ！】

東京都三鷹市・吉祥寺

ことりカフェ吉祥寺店

どこ行く？「ことりカフェ！」

かわいいことりを眺めながらカレーライス中。向かいは三鷹の森ジブリ美術館。

もはや、「ここに住みたい」ってくらいの女子が続出。

お店の外観からしておしゃれでかわいい。ピンクが基調の内装、レイアウト。ピンクのTシャツの店員さんは、メインのお客さんと同年代で、笑顔を欠かさない接客。やや高いところに止まり木があり、インコたちが疲れない工夫。さまざまに取りそろえた鳥グッズ。イス、テーブル、ケーキ、飲み物、もう、レシート入れ、もう全部、かわいい。もはや、「ここに住みたい」ってくらいの女子が続出。

インコたちは、ほとんどが一般種なのがすごくいい。一度は飼ったことがあるブンチョウや、飼いたいな～のオカメインコなど、人気の種類のさまざまな品種。ほかにビセイインコやサザナミインコをガラス越しに見ながら、ティータイム。小鳥やフクロウモチーフのケーキのほか、インコキッチンとコラボした、ご飯の盛り付けがインコ

オカメインコ（ルチノー）

になってるカレーライス（不定期）も大人気。有料のもふもふタイムでは、オカメインコなどを手乗りにして、遊べて、これまた盛り上がれちゃう。インコは、長く遊ぶと疲れてしまうので、短時間だけにしている。飼いたいけど、飼えない人もココに来れば、あらゆることり充電完了。

グッズは、オリジナル商品のほか、さまざまなメーカーの商品が置いてあるから、さながら、カフェの中にことりグッズの雑貨屋さんがある感じ。ことりを眺めるだけじゃなくて、グッズやメニュー、もふもふタイムまで、全てが行きとどいてるのは、社長さんが女性だからかも（いつも鳥柄のワンピース来てるし。鳥が好きで、ことりカフェをはじめちゃったし）。気軽に楽しんで、かわいいインコやフクロウのケーキを食べて、写メして、グッズをちょこっと買って、もふもふタイムもしちゃおうか。友達と、どこ行く？「ことりカフェ」ってなっちゃう。楽しんでもらうための、さまざまなイベントがメジロ押しなのも楽しい。そりゃあ、リピーター続出なのも納得。

ケーキは、見た目がかわいすぎる上においしい。

吉祥寺限定の週替りインコカレー。

ことりカフェ吉祥寺

http://kotoricafe.jp

住　所　〒181-0013
東京都三鷹市下連雀 1-14-7 ビューノ三鷹の森 1F

生体販売　なし

TEL　0422-29-9224

定休日　毎週火曜日
※祝日の場合は営業

営業時間　10：30 〜 18：00

料　金　もふもふ体験　10:30 〜 17:00
1 回 5 分 ¥300+ 税　　2 名様まで
※平日のみ。土日祝は行っていません。
木曜日はもふ曜日　　もふもふ体験無料サービス
★ケーキ、食事あり

アクセス　ジブリの森美術館の向い。三鷹駅から 1,072m
※徒歩ですと、吉祥寺駅・三鷹駅から徒歩 15 分程歩きます。
※万助橋・明星学園入口・三鷹の森ジブリ美術館が近くのバス停となります。
※お車でお越しのお客様は、徒歩 1 分程度ところに有料駐車場があり。井の頭恩賜公園第二駐車場（普通車は 1 時間までで 400 円、以後 30 分毎 200 円）

撮影メモ　f 5 1/169 ISO 1600　ピンクと白色を基本にした内装だし。

東京都台東区・浅草

鳥のいるカフェ・浅草店

鳥好きなら、一度は絶対に訪れたい。種類、数、ともに、日本一の「とりカフェ」

コガネメキシコインコがこれでもか〜って集まっちゃう

ふくろう系カフェとインコ、オウムなどのいるカフェが合体。まさに鳥のいるカフェ。

店に入ると、まず、猛禽類が、出迎えてくれる。そこだけで、普通にふくろう系カフェだ。生体販売もしているので、そのときにより、種類は異なるが、インドコキンメ〜シロフクロウ、ワシミミズク系、チョウゲンボウなど、多数種がいる。店員さんから、あれこれと説明を受けて、中に入ると、今度は、インコだらけ。ウンチ攻撃がいやな人にはレインコートの貸出があるのもうなづける。コガネメキシコインコに至っては、数えきれないくらいいる。それが、やたらと人なつっこく、1羽が、こちらに向かってきて、どこかに止まると、1羽、さらに1羽と、群れがやってきて、自分が、止まり木になってしまう。ヒッチコックの「鳥」の恐怖とは正反対の超楽しい鳥まみれ体

小型の猛禽ずらり。

とにかく人なつっこい。撮影中のカメラに乗っかってるホオミドリアカオウロコインコ。

珍しく、ミミズク帽子が大丈夫なお店。

験。ほかの店では味わえない、この店だけの魅力の一つだ。インコたちは、撮影をしてても、スマホやコンデジに止まってくるし、腕やら、頭やら、おかまいなしで歩きまわるし、ちょいちょい、かじるし、もうなすがまま。なんか、本来、ジャングルに暮らし、遊んでるインコたちの中間に入れてもらった気分が味わえる。オオハシやサイチョウなどもいる。1時間制じゃないと体がもたない。どこかのライブに行って、盛り上がったくらいの、心地よい疲労感。残りの時間は、猛禽類と緩く触れあって、ちょうどいいくらい。ふくろうカフェと、インコ、オウムなどのいるカフェが合体した、鳥好きなら、一度は絶対に訪れたい。種類、数、ともに、日本一の「とりカフェ」だ。

鳥のいるカフェ・浅草店

http://toricafe.co.jp/asakusa

住所	〒111-0032 東京都台東区浅草 1-12-8 大山ビル 1F
生体販売	あり
TEL	03-6802-8572
定休日	なし
営業時間	平日：13:00 ～ 20:00、土日祝日：11:00 ～ 20:00
料金	1時間＝1,500円（30分＝1,000円、延長15分毎　300円）
アクセス	東京メトロ銀座線「田原町駅」より徒歩３分 つくばエクスプレス「浅草駅」より４分 都営浅草線「浅草駅」より５分 P：徒歩数分の近隣にコインパーキングが多数ある。
撮影メモ	f 2 1/80 ISO400

東京都江東区・木場

鳥のいるカフェ・木場店

インコ・オウム・フクロウが同時に見られるのは、「鳥のいるカフェ」だけ

ルリコンゴウインコ

アフリカワシミミズク

ブームとは無関係の落ち着くお店。

インコ、オウムとフクロウ類が同時に見られるのは、「鳥のいるカフェ」だけだ。ここ木場店は浅草店とは違い、ふれあいが出来るのはフクロウ類（＋ハリスホーク）のみ。インコ、オウムは籠の中にいる姿を眺めるだけだが、一人遊びが大好きな彼らを観察するのはかなり楽しい。

パンダコカトォー　１人遊び中。

ルリコンゴウインコは存在感抜群。ショウジョウインコとパンダコカトォーはとくにやんちゃで超笑えた。ふれあうばかりじゃなくて、こうして眺めて楽しむのも個人的には好き。なんか、ほっとする。

フクロウ類（＋ハリスホーク）は、飲食後にふれあいができる、5分と短いが、腕に乗せて、写真を撮影して、頭をなでたら、そのくらいで案外十分。鳥たちを眺めながらおいしいお茶を飲んで、だべって、ちょいと鳥グッズコーナーを見る。ブームとは無関係の落ち着くお店。

ふくろうといっしょにティータイム。

鳥のいるカフェ・木場店

http://toricafe.co.jp/kiba

住　所	〒135-0042 東京都江東区木場 2-6-7 セブンスターマンション 1F
営業時間	平日：13：00 ～ 20：00 土日祝日：11：00 ～ 20：00 （ラストオーダー 19：30）
生体販売	あり
定休日	水曜日
TEL	03-5809-8865
料　金	飲食後の会計時にプラス 500 円で触れあえます。 5 分 500 円 ★ 軽食あり
アクセス	東京メトロ東西線　木場駅　４Ａ出口から直進約 200 m 都営大江戸線・東京メトロ東西線　門前仲町駅　２番出口から約 10 分 都営バス　木場２丁目バス停前 Ｐ：近隣にコインＰあり
撮影メモ	f 3.5 1/20 ISO1600　（ふれあいルーム）

神奈川県藤沢市・高倉

ことりのおうち

ご近所さんが集う、小さなバードパラダイス

（左）ギンバト
オキナインコ（右）

コガネメキシコインコ

鳥とのふれあいを通して親子もふれあう

長後駅前のペットショップAQUA（本店）を通り過ぎると、すぐに「ことりのおうち」に到着。水色の壁の店内に入ると、オオハナインコが出迎えてくれる。

触れ合い説明を聞き、料金を支払い、選んだジュースを受け取れば、ふれあいタイム開始。6坪の小さな店内には、所せましと鳥、鳥、鳥。時間も場所も忘れてしまいそうな小さなバードパラダイスだ。

ベンチに座り、ことりたちを眺めていると、お店のお姉さんがギンバト、キソデインコ、ヒオウギインコ、ホオミドリアカウロコインコを順番に連れてきてくれた。こちらの手に乗せてくれながら、店内の鳥たちについて話してくれる。手乗りギンバトは物静かで、手に乗せて、ずっと眺めていたい。キソデインコは、やたらと周囲をきょろきょ

ろして落ち着きがない。ヒオウギインコは腕時計をかじりまくってる（インコとオウムあるある）。冷蔵庫の上に着陸したブンチョウの若鳥が、僕らのいる下界をどや顔で眺めている。ことりたちが放し飼いされている大きなケージに入れば、足元をセキセイインコがウロウロ。（踏まないように注意）ワカケホンセイ、ボタンインコ、オカメインコが自由に遊び、ここの主である大きなルリコンゴウインコが時々大声で♪ギャーッと雄叫びを上げる。セキセイは、たまに机の上に来てもすぐに餌が落ちてる床をとことこ。そんな中でもコガネメキシコインコは、ロープで一人遊び開始。片足ぶらさがり、逆さぶら下がりと、曲芸を披露してくれる。（飽きずにひたすらやってる）

1羽1羽が個性的で、どれも人なつっこく、種類数も多いので、いくら時間があっても足りない。

ここは料金も安めで、10分〜料金設定がある。散歩中や買い物帰りの親子連れなどの常連さんが、気楽に立ち寄って、ちょこっと小鳥たちと触れ合っていく。親子で来るお客さんたちを見ていると、鳥たちと触れ合っているようで、実は親子のふれあいにもなっているのが良く分かる。「ほら、ギンバトを乗せてくれるって。」「あ、ウンチした。」なんて。そして10分たつと、「ではまた〜」と去っていく。町のペット屋さんが、ご近所さんにことりたちと触れ合う場所を提供しているような、気どらない雰囲気。それが居心地の良さに繋がっているんだろう。

ところせましと鳥グッズ。収納上手

箱の外の世界に興味津津なブンチョウ雛

ボタンインコもトコトコ〜

ことりのおうち

https://www.facebook.com/kotori.aqua

住所	〒252-0802 神奈川県藤沢市高倉 641-5
TEL	080-3428-8792
営業時間	11:00 〜 18:00 （ラストオーダー 18:00）
料金	1時間　1,200円（1ドリンク付き） 10分 300円（ドリンクなし）
アクセス	小田急電鉄江ノ島線・長後駅、徒歩すぐ。 P：近隣にコインパーキングあり。
撮影メモ	f 5,1/100, ISO 2000　背景が水色の場所で撮影すると、すっきりして、よい写真が撮れる。
生体販売	あり
定休日	なし

埼玉県川口市・戸塚

オウムのカフェ・FREAK

日本でここだけ、オウムと大型インコ専門の鳥カフェ

オオバタンと触れ合い中。超モフモフ。

モモイロインコ〜〜。

“鳥カフェ”っぽくない、シンプルで落ち着く

住宅街の一角におしゃれなたたずまいのカフェを発見。扉をくぐると、すぐに優しそうなご主人が席に案内してくれた。木製のテーブルやイスをはじめ、全体が茶系でまとめられた店内は、シンプルで落ち着く空間だ。

モモイロインコは、餌を食べつつ、調子に乗って、一人遊び開始。頭を上下にふってピコピコタイム。♪キェーッと大声で鳴いて冠羽を開いたり、翼を広げたり興奮中。何をしたいんだか、同じところを行ったり来たり。

オリジナルの「オウムの好きなスムージー（ベジタブル）」を注文すると、奥さんと思しき女性が厨房から運んできてくれた。これが予想をはるかに超えたおいしさ。

先客は、地元の友だちで集まった風の女性4人組。モモイロインコの挙動に時々反応している。つづいて、女性一人が入店し、コーヒータイム。ちょいとオウムを写メしたりして、早めに去って行った。続いて、夫婦と思しき二人組。聞くと、自身も鳥を飼っていて鳥が大好きなのだそう。

さきほどの4人組が鳥籠を覗いている。数種類のオウムの中から、オオバタンとオオハナイン

コ、パンダコカットゥ、オオハネナガインコをセレクトすると、ご主人が1羽ずつ順番に籠から出してくれる。最初の人は、オオバタンを腕に乗せてもらうものの、ちょっと腰が引けている。微妙な距離のままのツーショットを写メしてもらう様子を見たご主人が、羽がフワフワしている頸のあたりを優しく撫でてみてとアドバイス。とたんにうっとりしちゃったオオバタンに、一気に距離が近づく。オオハネナガインコは、ニギコロ状態など、みなご主人に教えてもらいながら、ふれあいタイムを楽しんでいる。

オリシナルオウムの好きなスムージー（ベジタブル）。超おいしい。フルーツバージョンもあるよ。

その後の3人も、ご主人のアドバイスを受けながら様々にふれあいを楽しんでいる。どの子も、甘噛みをするが、まじ噛みはまったくしない。

つづいて、二人組の奥さんの方がオオバタンをセレクト。さすが、鳥を飼っているとのことで、慣れた様子。手慣れた風でオオバタンを腕に抱いて頭をなでると、すぐにオオバタンが寝ちゃいそうなほど気持ちよさそうにしていた。

こちらはその様子を眺めつつ、注文したピザをバクバク。これもおいしい。

オオハナインコ

オオハネナガインコをニギコロ中。

とりカフェやふくろう系カフェは多数あるが、こんな風にシンプルでおしゃれな内装で、一人で来ても落ち着いてのんびり過ごせるお店は案外少ない。イベント的にではなく、ふらっと訪れたいお店。素朴で優しい笑顔のご夫婦と、美味しい料理が出迎えてくれる。今回紹介できなかったが、ケーキは鳥モチーフでかわいい。

オウムのカフェ・FREAK

http://parrot-freak.com

住所	〒333-0811 埼玉県川口市戸塚 2-26-18-103
生体販売	なし
TEL	048-271-9946
定休日	月、火曜日 （月、火が祭日の場合変更あり）
営業時間	12:00 ～ 20:00
料金	ふれあい 500 円（1 人 10 分 3 名以内）＋飲食別途 ★ 軽食あり
アクセス	JR 武蔵野線、埼玉高速鉄道　東川口駅南口より徒歩４分 Ｐ：近隣にコインパーキングがいくつかある。
撮影メモ	f 5,1/100.ISO2000　暗いので、よく動くインコは、ブレないように、感度を上げてシャッター速度を上げよう。

千葉県千葉市・花見川区

Cotorimi Cafe いこ〜よ

あったかもてなしのアットホームな「とり爺」の店

コザクラインコ（ゴールデンチェリー）

どこか懐かしい、人情味あふれる数少ない鳥カフェ。

住宅街の一角、ケイヨーデイツー花見川店のすぐそばに、「Cotorimi Cafe いこ〜よ」はある。店の外からも、鳥カゴがずらりとならんだ棚がみえる。中に入ると、そこは様々に鳴き交わす小鳥たちの声で満たされた世界。あぁ、この感じ、今では少なくなった「町の小鳥屋さん」を思い出す。中でも一際主張している、オカメインコのミッキーマウスマーチに耳を傾けていると、注文したリンゴジュースが到着。かわいいキセキレイのグラスで出てきた。

ここの店主は「とり爺」。お客さんの様子に目を配ったり、希望に応じて鳥を籠から出して、腕に乗せてくれたりする。鳥の種類は、ブンチョウ、ジュウシマツ、セキセイインコ、ギンバト、オカメインコ、コザクラインコといった一般的な種類から、珍しいところでは、アキク

ワカケホンセイ（クリームイノ）

とりかごがずらり〜。

「おひかえなすって」なセキセイインコ（ハゴロモ）

サインコやワケケホンセイのクリームノイもいる。各々の品種も豊富だ。

お客さんの腕に乗せられたあとの鳥はすぐにカゴに戻される訳でもなく、しばらく放っておかれたりして、その間に自由気ままにやっているのを見ているのが楽しい。ジャンボセキセイは、毎度の居眠り中のおじさんみたいな顔で、終始猫背。ちょろっと、腕時計を甘噛みした後は、静かにぼけっとしている。ブンチョウには嫌われたみたいで、すぐに飛んでいっちゃう。オカメインコは、活発にあちこちうろうろして、テーブル上を歩きまわったり、嘴でグラスをつついたりして一人遊びをしている。

鳥担当の「とり爺」の相棒は、食事担当の奥さん。二人ともとてもアットホームで、ジュウシマツのニギコロを見せてくれたり、止まり木を手作りした話を聞かせてくれたり。再訪したときは、「石狩汁、食べる？」と、メニューにない料理までご馳走になってしまった。

買い物袋を提げたご近所の常連さんらしきお客さんは、お気に入りの鳥の名前を呼びながら一通り様子を見て、鳥爺・奥さんと世間話をして、「またね～」と満足気に帰っていく。

アットホームな「とり爺」の店。

どこか懐かしい、人情とあったかさのある数少ない鳥カフェ。

オカメインコ(w-F パイド)

キソデボウシインコとホオミドリアカオウロコインコ

ニギコロじゅうじまつ

サクラブンチョウ

アキクサインコ（ローズ）

ジュズカケバト（ギンバト）

Cotorimi Cafe いこ〜よ

http://www.catv296.ne.jp/~ikouyo

住　所	〒 262-0045 千葉県千葉市花見川区作新台 6-18-35
生体販売	あり
TEL	090-1407-1273
営業時間	9:00 ～ 19:00
定休日	なし
料　金	飲食以外に別料金無し。時間制限無しで小鳥と触れあえます。 ★ 食事あり
アクセス	京成本線八千代台駅から徒歩 20 分 (1.6㎞) 京成バス：京成本線八千代台駅東口 (ユアエルム側) バス停から花見川車庫行に乗車。終点、花見川車庫で下車。バス停から 50m 先にお店があります。（ケイヨーデイツー花見川店すぐそば）
撮影メモ	f 5 1/80 ISO1600　自然光と蛍光灯。手乗り鳥たちは、自由に動き回り、楽しく、撮影できる。

東京都港区・南青山

鳥専門店 BIRDMORE（バードモア）南青山

バード用品＆鳥さんグッズが、超・充実の店

店内の棚には、びっしり、鳥グッズ＆バード用品。

鳥好きなら、一度と言わず、何度も訪れたい。

これでもかと、棚に鳥グッズがびっしり並んでいて、どこからどう見たらよいやら。まずは、入ってすぐ左手、レジの手前に、平置きされている新入荷、オススメ商品をチェック。あとは、もうお気に召すまま。オススメの鳥さんグッズだけでも、全部ほしくなる。全部ゆっくり見ていたら、時間がいくらあっても足らない。鳥好きなら、一度と言わず、何度も訪れたい。商品以外のことでも、鳥に関することであれば、店員さんに聞けばなんでも教えてくれる。

インコが大好きな、赤穂の量り売りも。

クロセの自然派宣言など、餌のバリエーションが、超・豊富。

多数ある、バードモアのオリジナルグッズ
（バードモアオリジナル）から、ほんの一部を紹介。
鳥用品は、全て、鳥に安全な、素材を使用。

コルククライミング　922 円 (税込)

鳥さんのハンモック　1,423 円 (税込)
鳥さん、飼い主さんへのオミヤゲにも最適。

アクリルゲージケース＋４６５オウムステンレスプレミアム　セットで 110,473 円 (税込)
温度管理しやすく、防音、餌の飛散防止などに役立つアクリルケース。

鳥専門店 BIRDMORE 南青山

http://www.birdmore.com

住所　〒 107-0062
東京都港区南青山 6-13-9-B1 階 A

営業時間　11:00 ～ 19:00

TEL　03-6427-6125(FAX 共用)

定休日　なし。年末年始に臨時休業。

アクセス　東京メトロ半蔵門線、銀座線、千代田線 表参道駅 B3 出口より徒歩約 7 分
P：徒歩数分の近隣にコインパーキングがいくつかある。

店舗近くには別館として鳥さんとふれあえる有料制のサロンがあります。(次のページで紹介)
また、徒歩 3 分ほどの場所には『ことりカフェ表参道店』もあり、鳥三昧の一日を堪能できます。

東京都港区・バードモア南青山店別館

SALON MORE NEST

使い方はあなた次第。セレブ感満載の秘密の隠れ家。

アオメキバタン

オフ会、女子会、お茶会などに最適な、まさにサロン。

バードモア南青山で料金を支払い、ふれあいサロン（MORE NEST）に行きたいと告げると、案内地図がもらえる。なんか宝探しというか、秘密の隠れ家感が高まっちゃう。

バードモア南青山から数分でサロンに到着。セレブ感満点の室内に入ると、多数の大型インコとオウムが大型ゲージに入っている。止まり木のうえで頭をふりふり、はしゃいでいるのは、コキサカオウムのマロちゃん。店員さんの説明を受けて、脇を触られるのが大好きだというマロちゃんに触らせてもらう。ちょっと落ち着きが無かったけど、脇を触ると急にトローんと静かになっちゃった、そのかわいさにバードレナリン大放出。ふつう鳥カフェでは若鳥が多いが、マロちゃんは10歳以上。さすがにいろいろわかってらっしゃる。甘噛みや、止まり方や、暴れ過ぎない引き際まで。持って帰りたい…。
躾のいきとどいた鳥たちと遊び、上品でやさしい店員さんと時折言葉をかわす。なんとも優雅な時間を過ごし、秘密の巣をあとにした。

貸し切りも出来るそうなので、（秘密の？）オフ会、女子会、お茶会などの催しに利用するのも良い。鳥の中には購入できる鳥もいるので、直接触れあって生態や性格を知ってから、相性の良い子を迎えたい、という方にもおすすめ。

おしゃれな店内で鳥とふれあうことができる。

もふもふしてるようで、されてるのかも。うれしそうなマロちゃん。

シロハラインコ。仲良く水飲み中～。

SALON MORE NEST

http://www.birdmore.com

住所	バードモア南青山店で、受付して、地図、チケットを受け取る。徒歩５分。		
TEL	03-6427-6125	生体販売	あり
営業時間	12:00~18:30	定休日	なし（年末年始を除く）
料金	３０分＝１名 1,080 円（小学生以下半額）		
アクセス	バードモアから徒歩、約３分 Ｐ：徒歩、数分の場所にコインＰが多数ある。		
撮影メモ	f 4, 1/160, ISO 1600　鳥そのものの色がきれいに出る。		

埼玉県新座市・柳瀬川

認定NPO法人 TSUBASA とり村

様々な理由で手放された鳥の保護と、里親探しなどをしている施設。

人間に興味津津なのに、人の手をすごく怖がっていたコバタン。

様々な理由で飼い主がいない鳥たちのために。

休日に訪れると、大勢の人で賑わっていた。1Fは受付や、鳥グッズ販売、愛鳥家の集う休憩スペース、バードランがあり、〝鳥たちの中庭〟と名付けられた2Fに、保護された鳥たちがいる。『とりカフェや遊園地ではありません』と張り紙はしてあるが、ルールを守れば、自由に楽しく、鳥たちと触れ合うことができる。多くの人に訪れてもらい、こういった鳥たちの存在を知ってもらいたいという思いから、全体の雰囲気はとても明るく、一般に思い浮かべる保護施設の痛々さはない。

インコやオウムは長生きだし、世話に手間もかかる。実際に飼う前にここを訪れて、じっくりと触れ合い、相性などを確かめるのも良いだろう。もちろんここにいる鳥たちを引き取ることもできるが、それには飼い主になるための審査もある。鳥の生態や飼い方に関する様々なアドバイスを行い、飼いたい、かわいそう、という気持ちだけで安易に生き物を飼うことが無いよう指導している。

また、とり村を運営するTSUBASAでは、ここにいる鳥だけでなく、オウムやインコの飼い主の悩みや、相談も受け付けている。こういった活動は、正義感が強くなるあまり、ともすれば過激になりがちだが、ここではそのバランスがしっかりと保たれ、上手に世間にPRしている。

この本を手にとってくれた皆さん、鳥カフェももちろん楽しいけれど、是非一度ここを訪ねてみてほしい。そしてこういった鳥たちの存在や、保護された鳥たちの現状を生で感じ、こういう場所があるんだよ、と1人でも多くの人に伝えてほしい。

TSUBASAは、とり村だけでなく、様々な活動をしている。勉強会を開いたり、全国の鳥に関するイベントに積極的に参加して、啓発活動や寄付を募ったり、グッズ販売もしている。

インコ、オウムと自由にふれあえる。

仲良しなコンゴウインコのペア。

ジュウシマツたち。

鳥さんグッズ販売コーナーも充実。

認定NPO法人 TSUBASA とり村

http://www.tsubasa.ne.jp

住所 〒352-0005
埼玉県新座市中野2-2-22（株式会社ロムテック横）

TEL 048-480-6077
FAX 048-480-6078
e-mail tsubasa0615@gmail.com

施設開放時間
2F：13:00～16:00
1F：13:00～17:00
※土日祝日のみの解放です
※季節やイベントにより開放時間は変更する場合があり。
お電話にてお問い合わせください

アクセス
東武東上線「柳瀬川」駅　徒歩20分
関越自動車道『所沢I.C』から約5分
〈無料送迎車〉柳瀬川駅～TSUBASA
柳瀬川駅改札口を出て、右（東口）ロータリのセブンイレブン前 発着。
『土日祝　柳瀬川駅発』13:00、14:00、15:00

メンフクロウ（フクロウカフェ もふもふ）

第2章

フクロウに会いにいく

ふくろう系カフェの基本マナー

オーナーさんやお店の考え方によって違いがあるものの、
以下はほぼどのお店でも共通している項目です。

・入店したら、手の消毒（帰りに消毒や手洗いを勧める店は少ない。）
・ストロボ撮影禁止
・動画撮影禁止
・撫でて良いのは頭だけ。逆撫ではしない。乱暴にさわらない。足元はさわらない。
・鳥はウンチだけはしつけられません。自己責任で。
・腕に乗せるときは、店のスタッフに声をかける。自分で乗せない。
・腕に乗せたふくろうが飛んだり羽ばたいたりしても、絶対に紐を放さない。

ほかに、お店によっては以下のような項目もあります。

・大きい音、大声禁止
・ふくろうを無理に振り向かせない。振り向くまで待って。
・年齢制限（小学生以下は親同伴。3才以下は入場不可など）

慣れるまでは緊張するかもしれませんが、ルールを自然に
実践できるようになると、よりいっそうふくろう系カフェを楽しめます。

千葉県千葉市・千葉

しあわせをよぶ ふくろうの城 千葉店

自由度が高く、リラックスして楽しめるお店

メガネフクロウをなでなで。

地元で大人気のお店。

飲み屋街の一角の、1Fに居酒屋が入っている雑居のビルの2F。店内に入ると、賑やかな空間が現れる。大勢のお客さんと沢山のフクロウで店内は満員御礼だ。お祭り帰りと思われる浴衣姿の女の子が、あっちのフクロウ、こっちのフクロウと元気に回っている。アカアシモリフクロウ、ウサギフクロウ、アメリカワシミミズク、サバクコノハズク、ナンベイヒナフクロウ、メンフクロウ、メガネフクロウなどなど、狭い店内にこれでもかというくらい人気の種類が勢ぞろいしている。ハヤブサ類などもいる。店面積に対するフクロウ密度は、関東のふくろう系カフェ随一かもしれない。お客さんは皆、思い思いに写メをしたり、頭をなでたり、餌やりしたり。ルールさえ守ればフクロウたちと自由にふれあえる。なんとなく店員さんが見張っている感がある店もあるけ

コキンメフクロウに餌やり中。

ふくろうグッズが充実。

ど、ふくろうの城系列店はどこも自由度が高く、リラックスして楽しめるから好きだな。それにしてもこの千葉店の外観と店内のギャップはすごい。内装や看板がゴージャスオシャレなラーメン屋より、街のなにげないラーメン屋のラーメンがめちゃうまみたいな。

しあわせをよぶ ふくろうの城 千葉店

http://fukurounoshiro.info/chiba

住所 〒260-0015
千葉県千葉市中央区富士見 2-18-4　西山ビル 2F
（パルコ第 2 駐車場裏、居酒屋 煮りんさんの 2F）

e-mail info-chiba@fukurounoshiro.info
（お名前・ご連絡先のお電話番号・ご住所を必ず明記）

TEL 080-3732-0526

定休日 なし　**生体販売** あり

営業時間 12：00 ～ 21：00
（受付は20：00まで）

料金 1時間制　1ドリンク付
一般 1,000 円（税別）　※ビール（300 円～）に変更可
小学校就学前 700 円（税別）

アクセス JR 千葉駅から徒歩 9 分・千葉都市モノレール葭川公園駅から徒歩 1 分
京成線千葉中央駅から徒歩 4 分

撮影メモ f4 1/40 ISO4000 けっこう暗く、やや黄色がかる。感度を上げて。撮影後に色補正をするとよい。

東京都渋谷区・原宿

しあわせをよぶ ふくろうの城 原宿店

ふくろうとのふれあいを楽しむことに特化した、シンプルなお店

気分は鷹匠〜とまではいかないか。。。オナガハヤブサ

チェーン店展開する人気のお店。

さすが、チェーン展開をしているだけあって、ふくろうたちの羽の色艶がよいものが多い。いきいきした羽色だと、それだけでかわいさ、ワイルドさが倍増する。とくにアメリカワシミミズクとヨーロッパコノハズクが、気に入った。オフィスビルの5階にあるお店の内装は至ってシンプル。よけいなものはなく、スタッフ手書きのかわいいふくろうたちの紹介の張り紙がある。据え体験は平日2羽、土日祝日は1羽までと制限があるものの、ふくろうたちとのふれあいは基本的に自由にできる。夕方の5時半から店内でハリスホークとベンガルワシミミズクのフライトショーをやっていて、実際に体験することもできるのでおススメ。店員さんに声をかけると、あれこれと丁寧に説明してくれる。インドオオコノハズクとコキンメフクロウは

大型フクロウがずらり。

手書きのフクロウ紹介が楽しい。

餌やり体験ができちゃう。

アヒル寝しているし、大型も小型も多数いて、アメリカワシミミズクは、北米タイプの真っ白な子がいたり、さまざまな仕草と種類をみることができるのがうれしい。
土日や、学生の休み期間は、かなり混雑しているので、平日の昼間が狙い目。

しあわせをよぶ ふくろうの城 原宿店

http://fukurounoshiro.info/harajuku

住 所 〒150-0001
東京都渋谷区神宮前 6-5-6 サンポウ綜合ビル 503 号室

定休日 なし　**生体販売** あり

TEL 080-3732-0532（11：00~20：00）

e-mail info-harajuku@fukurounoshiro.info

料 金 1時間制　1ドリンク・お菓子付
大人 (中学生以上) 1,500 円
小学生 1,200 円

営業時間 11:00~20:00
平日：受付19:00まで　休日：完全予約制
【予約は店頭か、お電話にて。メール不可。】

【フライトショー】17：30～
ハリスホークとベンガルワシミミズクのフライトショー。実際に体験することも可能。
※スタッフの関係や鳥のコンディションによっては中止になることも。

アクセス 東京メトロ明治神宮前駅 徒歩 2 分、JR 山手線原宿駅 表参道口より徒歩 5 分 (B1 カラオケ館　2F 一蘭)
【原宿店、千葉店のほかに、市原店、木更津店がある。】

撮影メモ f f4.5　1/160　ISO1600　壁がすっきりしていて、すごくきれいな写真が撮れる。

東京都豊島区・池袋

いけふくろうCafe

種類数が豊富！海外でも有名な人気店。

ニュージーランドアオバズク

とりカフェ唯一、外国人の店員さんがいるお店

人でごった返す有名ラーメン店「無敵家」の雑踏を抜け、ビルのエレベーターで6Fへ。名前と電話番号を告げてから、案内があるまでしばし待機。エレベーターホールは、同じように次の入れ替え時間を待つ人で溢れている。名前を呼ばれるといざ入店。ファミレスの順番待ちと同じシステムだ。靴をぬいで、スリッパに履き替える。

全員の入店が済むと、ラフな説明の後に、フクロウたちとのふれあいタイムがはじまる。

この店はとにかく、フクロウの種類数が多い。関東約20店のふくろう系カフェの中でもベスト3に入るだろう。メンフクロウ、スズガオ（ハイガオ）メンフクロウ、ブラックメンフクロウ、モリフクロウ、アカアシモリフクロウ、ベンガルワシミミズク、コキンメフクロウ、インドコキンメフクロウ、インドオオコノハズク、アフリカオオコノハズク、ウサギフクロウ、シロフクロウ、やや珍しいニュージーランドアオバズク、スピックコノハズク、他店ではほとんど見ないトラフズク、ファラオワシミミズク、スズメフクロウ、ふくろう系カフェでは、初めて見るイラメニアンワシミミズク、ケープワシミミズクなどなど、取材時には約30羽がいた。そんななかでも、北極圏に生息するシロフクロウの傍らには扇風機が設置されていて、管理する側の優しさが垣間見える。

一眼レフのレンズを嫌ったのか、単純にオレに敵意をもったのか、ケープワシミミズクがずっと目で追ってくる。カメラを隠しても、近づくと体をふくらませ、翼を広げて過激に威嚇。ちょっと楽しい。頭をなで、名前を呼ぶと少し穏やかになった。

店員さんに希望すれば、制限時間内で自由に1〜2羽を腕に乗せることができる。「どこに乗せたいですか?」と聞いてくれ、腕や頭や肩、希望通りの場所に乗せてくれるのがうれしい。

2人いる店員さんのうちの1人は、日本語、英語がぺらぺらのフランス人だ。この店は、海外からのお客さんがとても多いが、笑顔がキュートな彼女の活躍で、皆ストレス無く楽しんでいたのが印象的だった。とりカフェは数あれど、外国人の店員さんがいる店はココくらいだろう。もう一人の店員さんも、フクロウの爪の手入れなど、細やかなケアに忙しい。あまりに沢山のフクロウたちに目移りしながら、あっという間の1時間。ドリンクは飲む暇もなくて、持ち帰った。

残念ながら、ここで有名なフクロウの水浴びは見られなかった。フクロウのタイミングなので、運がよい人だけが見られるそうだ。

メンフクロウトリオ〜

フクロウグッズ販売コーナーも充実。ガチャガチャもあるよ。

いけふくろう Cafe

http://www.ikefukuroucafe.com

住所 〒170-0013 東京都豊島区南池袋 1-17-1- 崎本ビル６F

TEL 03-5904-8344

生体販売 あり

営業時間 月〜金曜日：13：00 〜20：00
土日：12：00 〜19：00

e-mail ikefukuroucafe@gmail.com

定休日 なし

【予約はメールにてフルネーム、携帯番号、人数、ご希望日時3 つを入力し送信してください。】

料金 平日 ¥1,400(1ドリンク付) 土日祝 ¥1,600(1ドリンク付)
平日 13:00-/14:00-/15:00-/16:00-/18:00-/19:00-/
土日祝日 12:00-/13:00-/14:00-/15:00-/16:00-/17:00-/18:00-/
上記各回入れ替え制

アクセス JR池袋東口リブロ側出口から徒歩２分。場所は明治通りとビックリガードがある交差点、マツモトキヨシ側の1Fに「無敵家（ラーメン店）」があるビルの6F。P:徒歩数分の近隣にコインパーキングがいくつかある。

撮影メモ f4.5　1/60 ISO1600　背景が白色、水色で、すっきりしていて、明るさもほどよく、撮影しやすい。

東京都渋谷区・原宿

武蔵野カフェ＆バー ふくろうの里・原宿店

プチお座敷から、フクロウ眺めて極上リラックスタイム。

店長の星野さん。笑顔がまぶしい。

フクロウと、イケメン店長のW癒し効果

原宿駅竹下口に出て、竹下通りの雑踏を横目に、横断歩道を渡り左に行くと、すぐラーメン屋「せい家」のビルの4階。エレベーターを降りると、魚屋さんのようなエプロンをした店員さんが出迎えてくれる。おお〜！笑顔が素敵な、かわいい女性と、イケメン（店長）。料金を支払うと、靴をぬいで、畳にちゃぶ台の席に案内される。生で見るの初めてな気がする。巨人の星に出てくるようなちゃぶ台がかわいくておしゃれ。ほかにはないタイプだぞ。こりゃあ、極上リラックス。BGMは野鳥の声（ヒヨドリ）。座敷にあがって、店員さんから、この店のシステム説明があり、畳上でジュースを飲みながら、ガラス越しにフクロウを眺めて、もはや、眠くなってくる（汗）。小型のフクロウの傍らには、巣箱が設置されてて、これもかわいい。20分

ほどして、店長から声をかけられて、スリッパに履き替えて、ふれあいルームに入る。低い位置に、大型フクロウがいてうれしい。しゃがんで、じっくり眺めたり、触れ合える。靴を脱ぐ店だと、楽に、目線を同じにしやすいから、より楽しめる。「こいつは、最近ようやく、慣れてきたんですよ～」「夏は、ちょっと、窓際は暑いから（フクロウが）心配なんですけど、窓の外の森の景色がよいんで、、」などと、いろいろ教えてくれる。フクロウと触れ合うだけでなく、笑顔がすてきな店長にあれこれ、教えてもらうのもいいかも。W癒し効果。

「ねえねえ、こっち向いて～」

ふくろうの里の定番。かわいい巣箱とアフリカオオコノハズク。

お座敷から、フクロウを眺めて、のんびり
リラックスタイム。ふくろうチャージ。

ふくろうの里　原宿店

http://owlvillage.jp

住所　〒150-0001
東京都渋谷区神宮前 1-21-5　原宿 ATM ビル 4F

定休日　なし

生体販売　販売店の紹介可

e-mail　harajuku@owlvillage.jp

営業時間　カフェコース 11：00 ～ 17：00
バーコース 18：00 ～ 20：00 最終受付

TEL　なし

料金　昼 Cafe コース 2,500 円 (税込) → Web 予約割引 2,000 円
夜 Ber コース 3,000 円（税込）→ Web 予約割引 2,500 円
60 分の入れ替え制 (ご案内、説明時間含む)
フクロウとのふれあい＋１ドリンク＋おみやげ付

アクセス　本文参照
【貸し切りに最適な、吉祥寺店もある。(詳細は上記 Web から)】

撮影メモ　f4.5 1/250 ISO 800　明るい店内。白い壁。窓の向こうは、明治神宮の森で、きれいに撮影できる。

【予約について】前日まで Web 予約あり。当日の予約は店頭予約のみ
【Web予約割引、Twitterフォロワー割引、Facebook「イイネ！」割引などがある。】

東京都武蔵野市・吉祥寺

武蔵野カフェ&バーふくろうの里・吉祥寺店

仲良しこよしなフクロウのコンビを見て、おもわずほっこり。心あったまる。

仲良く並んで、ひたすら外を眺めるベンガルワシミミズクの「じじ」と「きい」

みなでワイワイ貸し切りふくろう系カフェ

友人たちと、みんなでふくろう系カフェに行こう！と盛り上がり、声をかけたら、あっという間に定員の11名(WEB予約10名)。「貸し切りにしてはどうですか？」というので、「では、よろしくお願いします」という流れに。お店の入っているビルの前に行き見上げると、ワシミミズク2羽が、窓の外をのぞいてお出迎え。階段を上ると、店員さんが、お出迎え。待合室~歓談ルームとふれあいルームは、防音？ガラスで仕切られているため、みんなで、わいわいがやがやできちゃう。さすがカフェバー。アルコール飲料もあるので、みんなで、ビールを注文。乾杯のあとは、フクロウを眺めて、どのフクロウがかわいいかなどと、あれこれと盛り上がる。ふれあいルームが広く、フクロウたちは、ストレスレスで、自由にやってる。小型フクロウの傍らの巣箱がかわいい。さっき、お出迎えしてくれた、2羽のベンガルワシミミズクはひたすら、窓の外を眺めてる。入れ替わり立ち替わりって、ふれあいタイム開始。ふくろう系カフェ初めての友だちたちは、バドレナリン出しまくりで、頭をなでたり、腕に乗せてもらって、写メをとったり、大盛り上がり。大勢で行こう。ふくろうたちの裏話や準備中の話しが書いてあるふくろうの里・店員さんのコラムも見てね！ P132

武蔵野カフェ&バーふくろうの里 吉祥寺店

http://owlvillage.jp

住所	〒180-0004 東京都武蔵野市吉祥寺本町1丁目26-1 JK吉祥寺ビル201 (2F)
生体販売	販売店の紹介可
TEL	なし
e-mail	kichijoji@owlvillage.jp（メールでは予約不可）
定休日	なし
営業時間	平日：13:00～17:00、 18:00～20:00（最終受付） 土日祝日：11:00～17:00、 18:00～20:00（最終受付）
料金	昼Cafeコース(税込料金) 平日13:00～17:00 土日祝11:00～16:00 通常料金2,500円→Web予約割引料金2,000円 (1ドリンク付、おみやげあり) 夜Berコース(税込料金)18:00～21:00 通常料金3,000円→Web予約割引料金2,500円 (1ドリンク付、おみやげあり。夜Berコースはアルコールも可) 【予約は、WEBより翌日～30日先まで可能】
アクセス	JR吉祥寺駅北口より徒歩2分 ヨドバシカメラ近く P：徒歩数分の近隣にコインパーキングがいくつかある。駅から近いので、公共の交通手段がオススメ。

東京都・新宿

フクロウカフェ　もふもふ

お笑い芸人ばりの店員さんがお出迎え。
笑顔が絶えない手作り感満載のお店。

アメリカワシミミズク

新宿駅からすぐ。空き時間にさくっと行けちゃう

古いビルの5階。エレベーターは無いが、なんといっても新宿駅東南口から徒歩1分以内というアクセスの良さ。待ち合わせ前や、買い物の前後にちょっと時間があれば、気軽に立ち寄れる。店に入ると、新宿、渋谷でよく見かける兄さん的な風貌の、明るく元気な店員さんが出迎えてくれる。気さくで話しかけやすく、トークが楽しい。見た目とは裏腹に（失礼、）フクロウについて超くわしいし、鳥のことが好きなのが伝わってくる。

店内は、手書きの説明や飾り付けが随所に貼ってあって賑やか。フクロウをたくさん飼っている知り合いの家に来たような飾らない雰囲気が心地よい。フクロウたちはどれも羽並も良くイキイキしていて、フクロウ同士の間隔もほど良い。そんなフクロウたちとふれあったり写真を撮ったりも良いが、常連になって、店員の兄さんたちとあれこれトークするだけでも、十分楽しいかも。

ベンガルワシミミズク

フクロウカフェ　もふもふ　http://mohumohu99.jp

住　所　〒160-0022
東京都新宿区新宿 3-35-2 YM ビル 5F

定休日　なし

生体販売　応相談

TEL　03-5925-8780

e-mail　mohu@mohumohu99.jp（予約は Web から）

営業時間　平日：12：00 ～ 21：00
（20：00 ラストイン）
土日祝日：11：00 ～ 20：00
（19：00 ラストイン）
【1時間の入れ替え制】

料　金　平日　1,500 円
土日祝　1,800 円（共にワンドリンク付き）
基本的にはご予約された方から
ご入場になります。

アクセス　ＪＲ新宿駅東南口から徒歩１分　副都心線
新宿３丁目駅Ｅ９出口から徒歩１０秒

撮影メモ　f4.5 1/400 ISO1600　電球はなく蛍光灯なので、画像が黄色っぽくならない。
壁が白く、かなりきれいに写真が撮れる。

神奈川県藤沢市・湘南台

湘南ふくろうパーク

人気の種類が勢ぞろいなTHE「ふくろう系カフェ」

（左）ナンベイヒナフクロウと（右）ニシアメリカオオコノハズク

1時間で、満喫、梟チャージ

湘南台駅西口交差点付近のコインパーキングに駐車する。業務用スーパーを通り過ぎると、ほどなくして〝ふくろう〟の幟がはためく「湘南ふくろうパーク」入り口に到着だ。店舗はマンションの2階。階段を上るとフクロウの置物が出迎えてくれる。早速店内に入ると、いるいる、部屋の中央にはフクロウがずらり。

カウンターで料金を支払い、店員さんの説明を聞いて着席する。平日の昼間にも関わらず、店内はカップルや2〜4人の女性グループなど15人ほどのお客さんがいて大賑わいだ。といっても、着席している人はほとんどいない。皆フクロウに近くで写真を撮ったり頭をなでたり、仕草を眺めて楽しんだりしている。

各フクロウの足元には、種名、誕生年月日、ニックネームや、ふれあうときのコツが記された

広い店内に、多数のフクロウがいて、大勢のお客さんがいても満喫できる。

インドコキンメフクロウ「どきん」ちゃん。見上げられたら瞬間ＫＯ。

名札が置かれている。インドコキンメフクロウは、「どきん」ちゃん。ウサギフクロウは「うさ」ちゃん。オオフクロウは「オー」ちゃん。ベンガルワシミミズクは「ベン」ちゃん。直球ど真ん中なネーミングがかわいい。ふれあうときのコツは、〝名前を呼んで、なでてあげてね〟程度のハードルの低さなので、もちろんすぐ実行だ。

ここに限らず、「ふくろう系カフェ」は一般に1時間制だ。訪れた人は限られた時間の中で、フクロウを眺めて、フクロウの仕草に一喜一憂して、写真を撮って、お気に入りのフクロウを腕に乗せてもらったりして楽しむ。したがって店内にはある程度の人数が動き回れるスペースが必要で、ドリンクを飲んでのんびりする普通のカフェとはそこが違う。

その点、「湘南ふくろうパーク」は、店内、とくに人の動く導線にあたる部分が広く確保されているのが良い。これだけのお客さんがいても、すれ違いもスムーズだ。

さらにフクロウの種類・数ともに多いので、各々が撮りたい種類のフクロウを好きな角度から撮影でき、ふれあいも満喫できる。メンフクロウ、ベンガルワシミミズク、コキンメフクロウなどの人気種に加え、他店で見る機会が少ない、ブラックメンフクロウ、シロフクロウなどもいる。

1時間で十分に満喫、梟チャージができる、これぞＴＨＥ「ふくろう系カフェ」。初めての人やグループに特におすすめだ。

突然するので、いつも撮影チャンスを逃してしまう「伸び」。このときは、美しい翼を長い間、見せてくれた。

湘南ふくろうパーク

http://www.shonan2960park.com

住　所	〒252-0804 神奈川県藤沢市湘南台 2-18-9TOMOS 湘南台 204
TEL	0466-549-296
定休日	火曜日
生体販売	あり
営業時間	平日：14:00 ～ 18:00 土日祝日：12:00 ～ 18:00（共に最終受付 17:00）
料　金	1時間 (ワンドリンク付き) = 1,080 円
アクセス	小田急電鉄、相模鉄道、横浜市営地下鉄・湘南台駅西口（出入り口D）から徒歩、約５分。 P：徒歩数分の近隣にコインパーキングがいくつかある。
撮影メモ	f5.6,1/80, ISO3200,　明るく店内が広いので、背景がぼけて、きれいに撮影できる

東京都豊島区・巣鴨

ふくろう喫茶　ふくろうのおうち

大型フクロウせいぞろい。
ガラス越しにフクロウたちを眺めてのんびりしたい店。

トルクメニアンワシミミズク

人気のフクロウモチーフケーキは必食。

巣鴨地蔵通り商店街の中の有名店・金太郎飴の角を脇道に入ると、すぐに出窓がおしゃれな「ふくろうのおうち」が見える。中に入ると、店員さんが席に案内してくれる。ソファーの座り心地の良さに驚きつつ、ドリンクと評判のフクロウモチーフのケーキを注文。店の一角がガラスで仕切られたもふもふコーナーになっている。大型フクロウが多く、あまり見かけないミルキーワシミミズクやシロフクロウ、トルクメニアンワシミミズクもいる。先客のカップルが、モリフクロウとメガネフクロウを腕に乗せている。モリフクロウは、派手ではないがＴＨＥフクロウなルックスで、どこのふくろう系カフェでも人気が高い。メガネフクロウはその名のとおり見た目が独特で、こちらも人気がある。

そんなフクロウたちを眺めなが

らのティータイム。運ばれてきたケーキは、男子一人じゃ頼みづらいほどのかわいらしさ。こういうのは、どこからどう食べるかいつも迷う。顔はくずさないように後ろから…なんてやっても、最終的には全部食べちゃうし。見た目だけでなく、味も超おいしい。「そろそろ、もふもふコーナーどうですか?」と巣鴨らしく穏やかな勧めに応じて、中に入る。

ガラス越しだと反射してしまって撮影しづらかったフクロウを、ばっちり撮影できる。見る機会が少ないミルキーワシミミズクや、なかなか良い条件で撮れないメガネフクロウをがっつり撮影させてもらった。

訪れた日が平日だったせいもあるかもしれないが、店内はゆったりとした時間が流れ、ふかふかのソファーとおいしいケーキと紅茶で、かなり癒された。とにかくケーキは必食。

席からの眺め。

おしゃれな店内。

メガネフクロウのケーキ！

ふくろう喫茶　ふくろうのおうち

http://www.296home.jp

住　所	〒170-0002 東京都豊島区巣鴨 3-18-13 メゾン・ド・カメリア 1F
生体販売	あり
TEL	03-5907-3500
e-mail	info@296home.jp
定休日	Web で確認の上
営業時間	平日：13：00 ～ 20：00、 土日祝日：12：00 ～ 20：00
料　金	入場料：1 人／ 1 時間 1,500 円（税込） ★ケーキあり
アクセス	本文参照
撮影メモ	f5 1/30 ISO1600　もふもふコーナーに入れば、背景もライティングも良く、きれいに撮影できる。

東京都千代田区・秋葉原

アキバフクロウ

ふくろう系カフェの１つのスタイルを作った店。

ふくろうカフェ最大種類数＝２７種類、２７羽のフクロウがいる。

テーマパークのような、ふくろう系カフェ。

店前に到着。まもなく、入れ替え時間になるので、数人が待っている。このカフェ前面には、予約カードが、入れ替え時間ごとに、置いてある。各時間の、入店可能人数分の人数分の枚数だけ置いてあるので、希望時間のカードをとって、予定時間の少し前に、再来するシステムだ。なので、入れ替え制なのに、待ち時間がない。カードにはフクロウの写真のトランプのようなおしゃれで、かわいいデザインのカード。なんかテーマパークっぽいワクワク感がある。(※取材時の店頭のトランプパス整理券は廃止。現在は完全予約制)

店内は、白色で統一されていて、なんか、ヨーロッパのお城に来たみたい(行ったことないけど)で、セレブ感のあるYシャツに黒いベストを着た店員さんは、すらっとした背の高いイケメン。マジックで掌から、コキンメあたりを出しそうないでたち。座席は、広い店内に点在していて、どの席も、そばにフクロウがちょこんと止まってる。席についたら、説明上手、接客上手な店員さんによる、わかりやすいジェスチャーを交えた注意事項などの、説明を聞く。説明後は、注意事項さえ守れば、自由に楽しめる。

早速、写メ大会がはじまる。目線で見たい、撮りたいので、みな、しゃがむ。店員さんに言えば、お気に入りの種類を、腕に乗せてもらえる。そして、一眼レフカメラで記念撮影（無料）もしてくれる上に、帰るときに、その写真をポストカードにして、プレゼントしてくれる。

ここでも、コキンメが人気。けっこう低い位置にいるので、上目遣いにやられちゃう。瞬間ノックアウト。メンフクロウは、左右に体を揺らしているが、リーシュをはずされると、お気に入りの一眼レフの上に、さーっと飛んでいき、愛嬌をふりまいてる。

あっという間に1時間が過ぎ、梟チャージ完了。

ありそうで、なかなかないのが、接客が、しっかりしている店だ。注意事項だけ守れば、気を使わずに、楽しめるのが、なによりもいい。頭ごなしだったり、教えてあげよう感がなく、意識をひけらかして自慢ばかり話したり、そういう店も少なくない。楽しみながらも、店員や、店主の顔色をうかがわないとならない店はけっこう多い中、何かと行きとどいているのがすばらしい。「ふくろう系カフェに行ったことないけど、どんな感じなんだろう?行って大丈夫かな?」という人が、最初に行くのにもってこいのカフェ。

入れ替え制なので、最初に、店員さんの説明タイムがある。ジェスチャーや、じっさいのフクロウといっしょに、注意事項をしっかり教えてくれるので、わかりやすくてよい。

ハイガオメンフクロウ

女子好みっぽい、白色で統一された店内。カップルや、女性グループであふれる店内。みんな、楽しそう。

Akiba Fukurou アキバフクロウ

http://www.shonan2960park.com

住所 〒101-0022 東京都千代田区神田練塀町 67

TEL なし

e-mail akiba2960@gmail.com

営業時間 平日：12:00 ～ 18:00、土日祝日：11:00 ～ 19:00 【平日、土日共に完全予約制】

生体販売 あり

定休日 火曜日

料金 1時間＝1,500円
＋記念撮影（無料）＆その場でポストカードに加工してお見送りの際にプレゼント
（ほかの店にはないアキバフクロウだけのサービス）

アクセス ＪＲ秋葉原駅・中央改札口から徒歩２分。
Ｐ：徒歩数分の近隣にコインパーキングがいくつかある。

撮影メモ F2 1/30 ISO400 店内は明るく、壁が白く、とてもきれいに撮影できる。

東京都豊島区・池袋

Owlpark(あうるぱーく)

絶対楽しい、フクロウのフライト体験、餌やりができる店

フライトを鑑賞するのではなく、お客さん自身が、フクロウを呼んで、飛ばす、フライト体験ができる。ほかにはないサービス。

フクロウを「ぽいっ」って投げちゃうんですか?

駅からすぐ、雑居ビルの1Fに、フクロウが鎮座する「ふくろう神社」を発見。

さい銭箱の後ろの止まり木に、アカアシモリフクロウが、ちょこんと止まってる。「福が来ますように」と祈願。早速2Fに上がり、料金を支払い店内に入る。「滞在時間無制限」が、かなりうれしい。イスに座った、目の前のテーブルにインドオオコノハ。インドコキンメ。お約束の説明があった後、しばし、フクロウたちを眺めていると、「餌やり、フライト体験ができますが、やりますか?」と店員さん。事前にチェックした、この店のツイッターに「餌やり、フライト体験ができる」と書いてあり、画像も掲載されていたので、「こりゃあ行くしかない」と訪問したので、それはもう二つ返事で「やります。やります。」

憧れのシロフクロウに餌やり中。ちょっとじらすと、翼を広げる。

まずは、餌やり。ほかのお店でも、餌やりは体験できるが、ここでは、憧れのシロフクロウにも餌やりができる。ちょっとだけじらすと、翼を広げる。なかなか見ることができない翼を広げるシロフクロウ。あまりじらしたら、かわいそうだから、すぐに餌をあげちゃうんだけど。つづいて、フクロウから離れた場所で、餌を持って、名前を呼ぶと、フクロウが、こちらに向かって飛んできて、腕に止まる。「うわー」「きゃー」「おお~~」楽しくないわけがない。腕に止まったフクロウが、むしゃむしゃと餌を食べ終わったら、「フクロウを投げてください」「えっ?投げていいんですか?なんかかわいそう。。。」「大丈夫ですよ」フクロウが止まっていた止まり木に飛ぶように「ぽいっ」て軽く投げると、フクロウは、飛び立ち、元いた止まり木に止まった。やばい、バードレナリン制御不能の大興奮。ツイッターには、「フライト距離が短いですが、、」と書いてあったが、全然、そんなことはない。フライト距離は、7~8mほどはあるだろう。頭をなでたり、写メをしたり、一般的なふくろう系カフェのふれあいももちろんできるが、餌やりと、フライト体験まで、できちゃう、これから、こういうお店が増えるかもなお店。その後は、話し上手な店員さんとおしゃべりタイム。こちらも盛り上がる。

ふくろう神社が目印。

Owlpark（あうるぱーく）

https://www.facebook.com/owlpark.tokyo

住　所　〒171-0021
東京都豊島区西池袋３－３０－１１泰共フラットビル２F

生体販売　なし

TEL	03-3984-1097
営業時間	11：00～19：00
定休日	月曜日
料　金	時間無制限 1,200 円 (混雑時 1 時間入れ換え制)
アクセス	池袋駅エチカ 1a 出口))から徒歩 3 分。居酒屋樹家 2F P：近隣にコインP多数あり。
撮影メモ	F4.5 1/400 ISO 3200　フライトをとるときは、感度を上げて、シャッタースピード早めがオススメ。

神奈川県平塚市・平塚

ふくろうの森

自由度が高く、ふれあいが満喫できる郊外の人気店

いつも仲良しメンフクロウ。

地元で人気のアットホームなお店

平塚駅に到着。指定の時間まで、しばし時間があったので、楽器店などのぞいて、時間をつぶした後に、お店へ。北口ロータリーからすぐ。1～数人の女性率が高い。

座席のすぐ横に、コキンメフクロウ、サバクコノハズク、ヨーロッパコノハズクなど、小型のフクロウが、ちょこん。かわいい子が近すぎて、うれしい悲鳴。そして、目の前には、ずらりと中型、大型のふくろうが並んでいる。説明の後、みな、うろうろして、頭をなでたり、写メをしながら、「かわいい」「うわ～」を連発しながら、品定め的になる。お気に入りの子を見つけると、すこし静かになって、フクロウみたいに、首を動かしたりして、フクロウを見つめてる。その様子が、楽しい。

希望の種類を言えば、腕や頭に乗せてくれる。女性には、怖さが

みんな、フクロウに夢中。

なく、THEふくろうなルックスの中型のフクロウがここでも人気。どの子にしようかな。どれもかわいいから、迷ってしまう。いつもは、寝てないやつとか、目があったやつとか、店員さんに、どれが、人なつっこいですか？などと、聞いて選んでいるが、この日は、他店ではほとんど見ない、チゴハヤブサがいた。国内で初めて繁殖に成功した若鳥だというので、腕に乗せてもらうことにした。店員さんは親切で、丁寧な接客をしてくれるから、気軽になんでも聞くことができて、居心地がよく、あっという間の1時間だった。店内の導線が広く、自由度が高く、とても楽しめるお店。

「何やってんの？」ｂｙチゴハヤブサ

ふくろうの森

http://www.hukurounomori.com

住所 〒254-0035 神奈川県平塚市宮の前８－４

e-mail masao-yano@takasyo.info

生体販売 あり

TEL 0463-74-6042（時間外のお問い合わせ：090-2429-7004）

定休日 月曜日（月曜が祝日の場合は営業し、翌火曜代休）

営業時間 火～日曜日：12：00～19：00（最終入店18：00）

料金 １時間入れ替え制（１時間ごとの入店）
１ドリンク付き 1,080円
餌やり 300円、散歩 500～800円

アクセス 平塚駅北口から徒歩３分。
Ｐ：近隣にコインＰあり

撮影メモ f2.8 1/60 ISO 800 広く、明るく、背景すっきり。

東京都新宿区・高田馬場

Cafe HOHO（ホーホー）

普通のカフェ感覚で気軽に立ち寄れる店

写メは欠かせないから、２人組以上で行くと、もっと楽しい。

フクロウたちを眺めながら過ごすゆったりとした時間

高田馬場に最近開店したふくろう系カフェがあると知り、友達と訪ねてみた。高田馬場駅・早稲田口から徒歩数分でお店に到着。フクロウ系の装飾少なめのシンプルな店内に、店員さん1人。ｗｉＦｉも使える。メニューは鳥ネタ無しのおしゃれカフェメニュー。当然時間制も無い。

フクロウたちはガラス越しに間近にいるものの、取り囲むのではなく、基本的にその姿を眺めて楽しむ。ドリンクをペットボトルでなく、グラスやカップで出す場合や食事メニューがある店の場合は、衛生面から仕切りを設けなければいけないのだ。でも、フクロウたちを眺めながら過ごすゆったりとした時間は、案外とても贅沢。ここなら、友達との待ち合わせや休憩がてらに、「せっかくカフェに行くなら、鳥がいる店に」くらいに自然に使える。もちろん“鳥まみれ”な店も好きだけど、そこは気分や都合によって使い分ければ良い。「今日は、あのカフェで盛り上がって、どっぷり“鳥チャージ”。」「今日は、あのカフェでフクロウ眺めながら考えごと。」って具合に。

とは言っても、実はふれあいもできるので、こちらがその気になれば“鳥チャージ”な使い方も出来る。

Cafe HOHO（ホーホー）

http://cafe-hoho.com

住所 〒169-0075 東京都新宿区高田馬場 2-14-8 竹内ビルＢ１

生体販売 なし

TEL 03-3209-6626

営業時間 13:00 〜 19:00

料金 飲食料金のみ ★ケーキあり（ふれあいルーム利用の場合 10 分 500 円）

定休日 火、水曜日

アクセス JR山手線、地下鉄東西線、高田馬場駅から徒歩３分。Ｐ少し離れた場所にコインＰあり

撮影メモ f5 1/60 ISO1600 電球の色味を補正するとよい。

フクロウに会える店 ふわふわ

Cafe HOHO（ホーホー）

東京都大田区・蒲田

（和バル・農家の軒下おにかい）フクロウのおうち

野菜のうまさが自慢の店とふくろう系カフェが合体。

おいしい地ビール、地ワインとヘルシーな食事&フクロウとのふれあい。

2Fの「和バル・農家の軒下おにかい」に顔を出して、3Fにある「フクロウのおうち」に案内してもらう。ランチタイムは、おにかいハンバーグなど、バランスがよく、ヘルシーな、メニューがあり、ディナータイムは、人気のヘルシーな食事＝炙り野菜、ネギ味噌ピザ、おにかいバーニャカウダなどと、おいしい地ビール、地ワインが楽しめる。

フクロウは3羽と少ないが、せっかくなら、フクロウのいる店で、という方は、カフェコースでもよいし、友人と集まって、ランチやディナーコース。一般の飲食店に行ったつもりで、おまけでフクロウとふれあえちゃった。みたいな感じなど、さまざまなニーズに合わせて楽しめるお店。訪れても、フクロウと触れ合わない常連さんがいることからも、料理の人気が高いことがわかる。

蒲田西口（東急側）の東急池上線・多摩川線のガード下沿い、バーボン横丁（飲食店街）にある。

フクロウのおうち

https://www.facebook.com/296.no.ouchi

住所 〒305-0067
東京都大田区西蒲田 7-64-8 信州屋ビル３Ｆ

生体販売 あり

TEL 03-5714-0831

営業時間 12:00 ～ 22:00

定休日 火曜日

アクセス 蒲田駅西口より、徒歩５分
Ｐ：なし。
やや離れた場所にコインP がある。

撮影メモ f5、1/50、ISO 6400

料金 3,500 円（通常平均予算：ぐるナビより）
12：00 ～ 14：30　ランチコース 2,500 円
（ランチ＋ドリンク、デザート＋フクロウふれあい）
14：00 ～ 17：00　カフェコース 1,000 円
（ドリンク＋フクロウふれあい）
18：00 ～ 22：30　ディナーコース 4,000 円
（コース6品、ドリンク、デザート＋フクロウふれあい）

神奈川県横浜市・市ケ尾

フクロウに会える店　ふわふわ

清潔感あふれた、広いお店で、ふくろう

ハイガオメンフクロウとふれあい中。

カフェスペースもおしゃれ。

多数のフクロウの世話を1人でする美人女性オーナーのお店

掃除がいき届き、清潔感あふれた店内。ふわふわは、店内はとても広く、きれいで、おしゃれな郊外の美容院みたい。小型から、大型まで、多数種のフクロウたちの羽は、きれいに揃っていて、光り輝きイキイキしてる。女性オーナーの柾木さんが、接客から、フクロウの世話まで、すべて1人で、やっている。フクロウ好きが高じて、店を開いたそうで、モリフクロウなど、まだ飼いたい種類がいるけれど、1人で世話できるのは、このくらいかな。など、考えたり、よいタイミングが来るまで待っているそう。人気の種類は、アフリカオオコノハズクとアカアシモリフクロウとのこと。女性には、ワシミミズク系は、ちと怖い印象もあるそうで、「アカアシモリフクロウに会いたいです」と予約のときから、言われることもあるそう。アフリカオオコノハズクは、TVなどで、敵などが近づくと、細長くなって、擬態をすることで有名なので、人気があるそう。なんて、いろいろなことを話してくれる、やさしいオーナーさん。時間内であれば、自由にフクロウとふれあい、希望すれば、何羽でも腕に乗せることができるのもうれしいお店。

フクロウに会える店 ふわふわ

http://s.ameblo.jp/fuwafuwafukurou

住　所
〒225-0024
神奈川県横浜市青葉区市が尾町 1162-1
(ファミリーコーポ市ケ尾 109)

生体販売　なし

TEL　080-7990-2960 (問 & 予約)

定休日　木曜日

営業時間
月～水、金：14:00 ～ 20:00
土：12:00 ～ 20:00
日、祝：11:00 ～ 18:00

料　金
1時間 1,500 円
1ﾄﾞﾘﾝｸ付
(延長料金：30 分につき ¥500)

アクセス
田園都市線市が尾駅から徒歩 2 分。
P: 駅付近に数カ所のコインPあり。

撮影メモ
f5 1/200 ISO1000　外からの自然光に左右されるが、壁や天井が白いこともあり、明るい。間接照明の電球が多いので、黄色味と影が出る。

茨城県つくば市・舘野

ふくろうとふれあえる喫茶店 **ふくろうの家**

ご近所さんはフクロウの専門家。
アットホームなふくろう系カフェ。

頭をなでても反応なし。自由きままなアメリカワシミミズク

ドリンクバー用のタンブラーはフクロウモチーフ。
タイマーもセットしてくれるので、残り時間が一目瞭然。

フクロウに、詳しすぎるオーナーの話しを聞くだけでも、行く価値あり。

柏方面から国道354号線沿いを走る。首都圏中央連絡自動車道の高架をくぐってすぐ、「ふくろうの家」の看板が見つかる。「おお、駐車場がある。」とりカフェで駐車場を備えている店はほとんどない。これは貴重。大きな農家の庭先に、「ふくろうの家」を開いたような店構えは、都心部のとりカフェとはだいぶ趣が違う。

店の入り口の脇にシロノスリがいて、♪キエーッと叫んで迎えてくれた。ドアを開けると、中央にテーブルとイス、さらに小さなカウンターがあり、壁沿いにふくろうが並んでいる。1時間の料金1000円を支払い、ドリンクバー用のフクロウのタンブラーと注意事項ファイルを受け取り、洗面台で手洗いとアルコール消毒。着席して説明書を一通り読み終えたら、「この鳥と、この鳥と、この鳥は頭をなでて良いですよ。フクロウの羽は逆なでしないようにしてくださいね」とご主人にあれこれ教えてもらいつつ、ふれあいタイムのはじまり。ほかの多くのふくろう系カフェ同様に、希望の種類を伝えれば、腕に乗せることもできる。

バサバサ〜と、頻繁にはばたくアメリカワシミミズクの雛は、自由きままなやんちゃ坊主だ。頭をなでても無反応で、「それより、あそこで動いてるのが気になる」といった感じ。フクロウカフェの照明は、多くの店で電球が用いられているので、光量不足から撮影が難しい店が多い。けれどここ、「ふくろうの家」は、蛍光灯とブラインドカーテンの隙間から注ぐ自然光のお陰で、その心配は無用。さらにフクロウたちの背景がすっきりしているので、カメラの設定を気にしなくとも良い写真が撮影できて、楽しい。

また、フクロウ同士が適度に離れているので、他のフクロウに影響されずに、それぞれが自由に過ごしている。ここのような郊外のふくろう系カフェ全般に言えることだが、狭い空間にフクロウが並ぶ都心の店よりも、フクロウたちがいきいきしている気がする。

撮影の後、あれこれと、オーナーに尋ねてみた。すると、フクロウ（Ural Owl）は、欧州のブリーダーから輸入していることや、モリフクロウはおだやかな性格のため人気が高く、販売している店ではすぐに売れてしまうこと、シロフクロウは暑さに弱いので、夏は店に出さないこと、さらにアメリカワシミミズクについては、以前は気が強くて飼うのが難しいと言われていたものの、今ではブリーダーが雛のうちにしっかり馴らせば飼いづらくないとわかってきたこと。はたまた最近はフクロウ人気で、急激に値段が高騰していることなどなど、話題が尽きない。興味深い話題の連発＆フクロウ大好きっぷりが伝わってくる。もはや、ふれあいそっちのけ。オーナーの話が楽しくて、身を乗り出して聞いてるうちに時間になってしまった。

鳥に詳しいオーナーや店員がいる店では、彼らの話しが聞けることも、店の魅力の一つになる。この日は、文章中の種類のほか、アカアシモリフクロウ、アフリカオオコノハズク、ウサギフクロウ、シベリアワシミミズク、オオフクロウがいた。

アットホームな店内。

ふくろうとふれあえる喫茶店 ふくろうの家

http://fukurou.info/Houseofowl

住所	〒305-0067 茨城県つくば市舘野 459-2
生体販売	あり
定休日	木、金曜日
TEL	029-886-3678
営業時間	月〜水：12:00 〜 18:00 、 土日祝日：10:00 〜 18:00（共に最終受付 17:00）
料金	1 時間 (ドリンクバー制) ＝大人 1,000 円　子供 800 円
アクセス	常磐自動車道・谷田部ＩＣから、約 5.5km、 関東鉄道バス「舘野」バス停から徒歩すぐ。 Ｐ：５台
撮影メモ	f5、1/50、ISO 6400

東京都港区・表参道

ふくろうマジック

都会に佇む秘密の癒しスポット

頭に乗るのが大好きなアフリカオオコノハズク。

マジシャンOWLが経営する、ふくろう系カフェ。

ファッションビルや、おしゃれな飲食店、会社などが並ぶ表参道、国道246沿いから、脇道に入ってすぐのビル。2階に、プロマジシャン「OWL」が経営する、マジックバーCREA。4階に同オーナーが、経営する「ふくろうマジック」がある。マジシャンが経営するから「ふくろうマジック」しかも、オーナーさんの名前は「OWL」生粋のフクロウ好き。店以外に、自宅でもフクロウを飼っているそう。いつか、フクロウに関わるマジックをしたいとのこと。

店は、日当たり良好で、いかにも表参道の隠れ家的な、おしゃれな店内の壁沿いに、ふくろうたちが、並んでいる。窓際には、ベンガルワシミミズクとシロフクロウ。制限時間内であれば、自由に、腕乗せ、大型は難しいが、頭乗せもできる。小型、中型、大型と乗せて、重さの違いや、個体そ

オーナーの「OWL」さんとブラックメンフクロウ。

壁沿いに、フクロウが並んでる。

れぞれの性格の違いなどを体験するのがオススメ。まずは、小型の頭に乗るのが大好きなアフリカオオコノハズク、物静かな中型のメンフクロウがオススメ。大型のシロフクロウやベンガルワシミミズクは、女性には、なかなか難しいので、店員さんに相談してみよう。大型フクロウが、腕の上でバサバサやって、驚いても、リーシュを絶対放しちゃだめ。落ち着いて、腕を上げると、再び腕に止まる。1時間最大6人という、少人数制なので、店員さんが、じっくり、丁寧に教えてくれる。プロマジシャンがオーナーだけあって、説明も、笑顔も、気づかいもすばらしい。ふくろうカフェは、接客が上手な店は限られているので、ここで、じっくり、フクロウとの付き合い方を教われば、ほかのふくろう系カフェに行く際にも、より楽しめる。初ふくろう系カフェにオススメ。

2階のマジックバーと梯子する。大人のデートもオススメ。

ふくろうマジック

http://fukurou-magic.com

住所 〒107-0062 東京都港区南青山 3-13-2 山川ビル４F　**生体販売** なし

TEL 03-6455-5253

営業時間 12:00 ～ 18:00　**定休日** 月、木曜日

料金 １時間 2,200 円（１ドリンク付き）
時間内、何羽でも腕乗せ可能。１時間６人限定。

アクセス 表参道駅Ａ４出口　徒歩３分。
Ｐ：近隣にコインパーキングあり。

撮影メモ ｆ５　1/40 秒　ISO4000　昼間は、自然光があるので、明るいが、夕方は暗い。

東京都千代田区・秋葉原

ふくろうと遊べるおみせ　アウルの森

さすが秋葉原！
まさにフクロウのアミューズメントパーク！

自由度の高い店内で、フクロウたちとふれ合える。

ふくろう系カフェ＋αの魅力がある超人気店。

エレベータを下りると、ライティングを落とした薄暗い空間に、ジャングルのようにツタが絡んだ入り口。そして受付を待つ人の行列。「クラブかな?店を間違えちゃったかな?」と周囲を見まわすが、間違えてはいないようだ。前日に予約無しで訪れたら、まさかの4時間待ち。それで今日出直して来たのだけれど、この日も3時間待ちの札が出ていた。事前予約必須だ。受付を済ませて、フクロウのぬいぐるみを使いつつの丁寧な説明を受けたら、早速ふれあい開始。なんとなくドキドキしちゃう間接照明の店内は、天井や壁がツタで覆われていたり、ピラニアが泳ぐ大型水槽があったりと雰囲気満点。ところどころにふくろう系グッズも飾られている。普通BGMは無いか、あっても控えめな曲を選んでいる店が多いが、ここでは普通にいまどき

ピラニアの前にニュージーランドアオバズク。

の曲が流れている。

店内にいるフクロウは、店員さんに告げれば腕に乗せたり撫でたりすることができ、種類のチェンジも時間内何度でも可能。

この日は夜の入店だったこともあり、店内はカップルと女性2～数人のグループがほとんどだった。各々にフクロウを腕に乗せて写メをしたり、頭をなでたり、フクロウを眺めたりして一喜一憂。あちこちから笑い声や歓声が聞こえる。熱気で溢れた店内は、さながらディズニーランド状態。そんな中でも、店員さんは常に謙虚で、正直で、笑顔を絶やさず、店内に目を配っている。お陰でお客さんたちも、安心してフクロウと触れ合え、何かあれば気軽に声をかけられる。ディズニーランド同様に、この非日常的な空間は、店員さんたちの活躍無しでは成り立たないのだ。

ふくろう系カフェからフクロウのアミューズメントパークに進化した「アウルの森」。

フクロウのぬいぐるみを使い、ふれあいの注意点を説明してくれる店員さん

ハード・ソフトの両面に、訪れた人を楽しませる工夫が凝らされている。この徹底ぶり、この世界観、さすが秋葉原。「夢の国」にどっぷり浸かり、盛り上がり、癒され、素直に楽しめる、とりカフェデートなら迷わずココだな～。

秋葉原らしく、同じビルにはメイドカフェが入っている。ちなみに、このメイドカフェ「Pray」には、鳥トークが楽しめるメイドさんが２人いて、彼女たちはインコ（オカメインコ、セキセイインコ）を飼い、とりカフェにも通っているそうだ。

ドリンクの種類が豊富。飲みたくなったときに、各自、自由に飲むシステム。

「Don't Touch」の看板で、どれが触ってよいフクロウか一目瞭然。

かわいい、楽しいで、笑顔率、超高い店内。

ふくろうと遊べるおみせ アウルの森

http://2960.tokyo

住　所　〒101-0021
東京都千代田区外神田 4-5-8 松孝商事ビル 5 F

TEL　03-3254-6366
（予約は店頭または、電話で）

e-mail　i@2960.tokyo
(フクロウ購入に関するお問い合わせ、飼い方、えさについて等々) ※メールでの席の予約はできません

生体販売　あり

定休日　なし

営業時間　13：00 ～ 23：00（水曜のみ 17：00 ～）

料　金
☆ Soft drink plan 890 円 (税込) 入園料とソフトドリンク1杯
☆ Alcohol plan 1,080 円 (税込) 入園料とアルコール 1 杯
※小学 6 年生まで 540 円 (税込)
※ふくろうの写真撮影自由、ふれあい体験、追加料金なし
※基本、1 時間制、混んでなければ無制限

アクセス　ＪＲ秋葉原駅、電気街口徒歩 5 分　ＵＤＸビル前（１Ｆが「すき家」のビル５階）
P：目の前のＵＤＸビル、地下駐車場（800 台）が一番便利

撮影メモ　F5.6、ISO10000,1/15　暗いが、雰囲気も背景もよい。制限時間内めいっぱいフクロウと触れ合えるので、楽しく撮影できる。

東京都国分寺市・国分寺

カフェ　ふくろう茶房

専門店のマニアックさ、堅苦しさゼロ。アットホームで居心地の良い店。

メンフクロウ

フクロウにめちゃ詳しいお兄ちゃんがいる。

店の前に到着すると、ユーラシアワシミミズクがお出迎え。外に出しているのは、多くの店同様に成鳥で、こちらのことなど何処吹く風、どっしりと構えている。入店すると、先客の親子連れが楽しそうに盛り上がっている。とにかくフクロウの種類数が豊富だ。生体販売もしているので入れ替わりはあるが、とくに、メンフクロウ系、ヒナフクロウ系など中型のフクロウがたくさんいる。これだけいると目移りしてしまうが、種類ごとの特徴や、餌のこと、生まれてどのくらいだとか、店員のお兄ちゃんがなんでも教えてくれる。お兄ちゃんは、きさくで明るく元気。説明もわかりやすくて常に笑顔だから、ほかのお客さんも楽しそう。お母さんに促されて、腕にメンフクロウを乗せることにした小学生くらいの女の子は、はじめ不安そうにしていたが、ここでもお兄ちゃんが丁寧にサポート。あっという間に、自分からメンフクロウの頭をなでなでしていた。女性の店員さんも朗らかで、フレンドリー。いわばコテコテの専門的なはずなのに、とてもアットホームで居心地がよかった。この日は、マレーシアから旅行で日本を訪れたという大学生も来店していて、とても楽しそうにしている姿が印象的だった。

ナンベイヒナフクロウ

クロオビヒナフクロウを写メする女の子。

フクロウグッズのガチャガチャ。もうやるしかねえ！

カフェ　ふくろう茶房

http://www.hukurousabou.sakura.ne.jp

住所　〒185-0022
東京都国分寺市東元町 3-15-1

TEL　042-208-3400（営業時間内）　**生体販売**　あり

e-mail　fukurousabou-main@jasmine.ocn.ne.jp

営業時間　平日：11：00～17：00
土日祝日：11：00～18：00

定休日　火、木曜日
（臨時休業あり）

料金　ワンオーダー制　（フクロウとの触れ合いは別途￥300～￥1000(種類によって異なります)1回3分）
★食事あり

アクセス　西武国分寺線、ＪＲ、国分寺駅 徒歩７分（530m）
京王バス 寺 91 一里塚 徒歩３分（220m）
Ｐ：やや離れた場所にコインＰがあるが、少ない。

撮影メモ　f5 1/25 ISO 1600　場所により、撮影しづらいが、ふれあいのときは、ばっちり。

東京都中央区・月島

フクロウのみせ

外国人にも人気！スーパーなおもてなしで
行列が絶えない、ふくろう系カフェの老舗

海外からのお客さんがとても多い。やけにフクロウが似合う二人。

グローブ無しで腕乗せが楽しめる店。

老舗のふくろうのみせは、週末や休日には行列ができるほどの人気店。数時間待ちもあたりまえだ。電話予約はなく、店に一度出向いて予約をするシステムになっている。予約から入店までの間の待ち時間は、月島の商店街で買い物をして時間を潰すのがお決まりコース。街の活性化にも一役かっている。今回は老舗の「花菱」でもんじゃ焼きやイカ焼きを堪能し、予約時間の少し前に店に戻った。

店の外の行列を横目に、店員さんに導かれて入店すると、満員の店内。席に着くと早速店員さんの説明がはじまるのだが、この説明が抜群に上手。実際にフクロウを腕に乗せ、「腕に乗せたフクロウが、このようにはばたいたら、腕を少し上にあげると、、」「うんちをしたら、ウンチしました～って言ってくださいね」まるでアミューズメント

説明タイム〜。

八才のもり。

パークの解説員さんみたいだ。ときには英語を交えた説明もあり、お客さんから笑いが起こる場面も。親子連れと外国人が多いのも頷ける。

あまりにアバウトな説明や、紙を見せられて、「これを読んでおいてください」というだけでは、うまく理解できない人もいるだろう。かといってだらだらと文章を読み上げるだけのような説明タイムも苦痛。結果的に、ふれあいの途中で突然注意されたり、鳥にストレスを与えることにもなりかねない。その点、この店のプロフェッショナルさは抜きん出ている。

説明を受けたあとは、各々が自由に楽しんでいる。1時間で5分間1羽だけ腕乗せOKなんて店もある中、ここでは「触れないフクロウ」と説明があったもの以外は、店員さんにお願いすれば、時間内、全て腕や頭に乗せることができる。ここでもこの店の特長がある。普通こうした場面では、グローブをしてからフクロウを乗せるが、ここはダイレクト。フクロウの爪の感触やぬくもりが感じられて興奮してしまう。1羽1羽に、しっかりした調教と丁寧な爪のケアがされているからこそ出来ることだ。(抵抗がある人用にきちんとグローブも準備されている)
店員さんは、店内のあちらこちらで常にお客さんと話をしている。冒頭で楽しい説明をしてくれた店員さんなので、お客さんたちも信頼して、気楽に腕乗せを頼んだり、質問したりできるのだ。フクロウを腕に乗せた親子がしどろもどろしていると、すかさず見つけて写真を撮ってあげたり、「うんちしました〜」の声があがると、ティッシュを持ってすぐに駆けつけたり。この細やかな目配り、おもてなしのこころが、人気を集めている要因のひとつかもしれない。
あっと言う間に時間が過ぎる。最後に、全員がもらえるおみやげタイムまであり、みな笑顔で店を出た。そこには、次の予約のお客さんの行列が。

あ、思ったより軽い。楽しい！かわいい！

ニュージーランドアオバズク〜アフリカオオコノハズク〜小型フクロウがずらり。

フクロウグッズの販売もしてる。ハンドメイドのフクロウ柄のつけ爪（チップ）がかわいかった。

予約時間の少し前の行列。

鏡があって、一人写メが撮りやすい工夫がされてる。

フクロウのみせ

http://s.ameblo.jp/fukurounomise

住　所　〒 104-0052
東京都中央区月島 1-27-9

営業時間　水、木曜：14:00 ～ 18:00
金曜：14:00 ～ 21:00
土曜：12:00 ～ 21:00
日曜：12:00 ～ 18:00

生体販売　あり

TEL　なし

定休日　月、火曜日

料　金　1 時間 2000 円　1 ドリンク付き
※予約受付は当日開店 1 時間前にお店の前にお並びいただいている順で案内

アクセス　東京メトロ有楽町線・都営地下鉄大江戸線 月島駅１０番出口より徒歩 1 分
フジマートとほっともっとの間を入ってすぐ

撮影メモ　f4.5　1/60 ISO6400 暗いが、感度をあげれば、雰囲気のよい写真を撮れる。

東京都豊島区・高田馬場

パクチーバル8889

フクロウとパクチーの競演！？
超個性的でおしゃれなお店。

コキンメフクロウ（アルビノ）

美味しいパクチー料理、ふりむけばフクロウ

店内に入ると、個性的でセンスの良い内装や小物の数々に目移りしてしまう。店のあちこちに何気なく飾られているフクロウ小物、奇抜さはなく、どことなく西洋的で落ち着いた味があって、他では見ない感じ。どこで見つけてくるんだろう？それを眺めているだけで時間が過ぎてしまう。そんな雰囲気と見事にマッチするアンティーク調の木製ケージは店内に3つ。滅多に見ないトラフズク、ほかのふくろう系カフェでは見たことがないニセメンフクロウ、絶対見ないコキンメフクロウのアルビノなど、なんかすごい。もちろんレアものだけでなく、一般的なフクロウもたくさんいる。とくに小型フクロウの数は、ふくろう系カフェ随一だ。こりゃあ、さぞ頑固な店主が、、、と思いきや、かわいらしい女性がたった1人で店を切り盛りしている。

フクロウを見ながら、パクチー三昧。

やわらか鶏とパクチーのハニーレモン焼き

憧れのニセメンフクロウとふれあいタイム中〜。

でもって、店名にもなっているパクチー料理。ジャンルでくくれない創作料理は、どれもこれもパクチーたっぷりでめちゃうま。お願いすればパクチー抜きも作ってくれるけど、ここでパクチーを食べないのは超もったいない。常連さんに愛されているこのお店。パクチーもフクロウも大好きな人にはぜひ行ってほしい。あ、お酒も。

ふくろう系カフェは、関東30店ほどあるが、パクチーバル8889はどこにも属さないすばらしいお店。その魅力の全ては、ここではとても説明しきれない。それは行ってからのお楽しみ。帰りに雨が降ってきてどうしようかと困っていると、傘を貸してくれた。

箸入れ１つとっても、いちいち、かわいい

ふくろうラベルのお酒が並んでる。で、ふくろうが飲んでる〜。

お気に入りを腕乗せ〜メガネフクロウと触れ合い中。

フクロウのラテアート。書いてほしいフクロウの種類を言うと、それを書いてくれちゃう。飲むのがもったいない。

パクチーバル 8889

www.8889.tokyo

住所	〒 171-0033 東京都豊島区高田 3-14-23
生体販売	なし
TEL	03-6912-9883
定休日	火曜日
営業時間	13 時〜 17 時（フクロウふれあいカフェ） 19 時〜 24 時（パクチー料理とお酒）
料金	フクロウふれあいカフェ 1 時間 1,000 円（1 ドリンク付き） ★ 19 時〜 24 時 食事あり
アクセス	高田馬場駅（ＪＲ山手線、西武新宿線、東京メトロ東西線）早稲田口から徒歩５分。目白駅（ＪＲ山手線）から徒歩７分。都電荒川線・学習院下駅から徒歩１０分。 Ｐ：近隣にコインＰ
撮影メモ	f5 1/30 ISO 10000　かなり暗い。雰囲気がかなりよいので、もはや、撮影しなくてもよいのだ。

シーフードレストランメヒコ・守谷店

ペンギンのいるBAR

鷹匠茶屋

Caf'e little ZOO カフェ・リトルズー

第3章
とりカフェさんぽ

鷹、フラミンゴ、ペンギンのいるお店

猛禽類のギャラリー＆カフェ　鷹乃眼

東京都武蔵野市・吉祥寺

鷹匠茶屋

硬派な鷹匠オーナーのこだわりの茶屋。

ヨーロッパオオタカ。後ろは、ジアセイカー(シロハヤブサ×セイカーハヤブサのハイブリッド)

男は黙って鷹匠茶屋

吉祥寺通り沿いに「鷹匠茶屋」と書かれた黒く大きな看板。看板からすでに硬派だ。入店すると、店内の一角には数羽のハリスホークと、ハヤブサ類などがいる。

BGMは、オーナーが自ら編集した70年代を中心としたロックの名曲がけっこうな音量で流れている。毎度、好きな曲ばかりでうれしい。

壁に設置されたモニターには、オオタカやハヤブサ類の狩りのシーンが映し出されている。レジの横で販売されているグッズは、リーシュ、グローブなど、猛禽類飼育用品のみ。置物や、携帯ストラップ、キーホルダーなどは一切ない。そして、オーナーの佐々木さんは、長髪を後ろで束ね、髭をたくわえている。見た目が、タダものではない。多くのトリカフェは、男性一人では入店しづらい感がある。牛丼屋に女性一人で入りづらいのと似ている。インコかわいい〜、とりさんグッズかわいい〜、モフモフ写メ〜。しかし、鷹匠茶屋は違う。男性一人でも余裕で入店でき、がっつり食事して、プカーと煙草を一服できちゃう稀有な店だ。かといって、女性一人やグループがNGなわけではない。おいしい食事を食べて、お茶をするカフェに鷹がいて、鷹の映像とロックが流れている。そんな感じ。食事の方はというと、個人的にはイーグルジンジャーが好きだ。いかにも男の料理という感じで、ワイルドで、うまい。

オーナーの佐々木薫さんは、幼少期から猛禽類を飼育し、10代前半で鷹匠に弟子入りした生粋の鷹匠。鳥獣保護員経験もあり、野生下で傷ついた猛禽類の復帰訓練なども行っていたそうで、野生の猛禽類についてもかなり詳しい。オーラが出まくっていて話しかけづらいが、混雑時でなければ、鷹について質問をすると、なんでもわかりやすく教えてくれる。「あのハヤブサなんていう種類ですか?」なんていう単純な質問から、雌雄の違いや亜種についてのマニアックな質問、餌について質問したら、冷凍庫から実物を持ってきてくれたこともあった。調子に乗って、普段気になっている猛禽類についてのさまざまな事柄を質問してしまう。個人的に、この店の楽しさのひとつは、オーナーにあれこれ質問して、教えてもらうこと。さまざまな意味で、ほかのとりカフェとは一線を画している。

人気のメニュー、ハリスカレーとイーグルジンジャー、ミミズクチーズトースト。食事メニューは、鷹にちなんだ名前が付いている。

鷹を眺めて楽しむ。ふれあいは、なし。

鷹匠茶屋

http://falconerscafe.web.fc2.com

住所 〒181-0013 東京都三鷹市下連雀 1-11-8

TEL 0422-57-7762

生体販売 あり

営業時間 13：00 〜 19：00

定休日 月、火曜日（変更があるので要確認）

料金 触れ合いなし。飲食料金のみ。★食事あり

アクセス 吉祥寺駅より徒歩２０分。吉祥寺駅南口発の小田急バス（井の頭通り丸井前バス停２番〜６番、８番のバス停）吉０１，０２，０４〜０６，１２〜１５系統のバスで「下連雀」下車１分
Ｐ：店のとなりがコインパーキング
ことりカフェ吉祥寺店から、徒歩３分ほどなので、はしごが、オススメ。

撮影メモ f4 1/80 ISO1600 自然光に左右される。

東京都墨田区・東京スカイツリーすぐそば

猛禽類のギャラリー＆カフェ　鷹乃眼

気付いたら、気分は鷹匠。

ヨーロッパノスリ

ほかではできない体験が出来る、唯一無二の店。

店に入るとまず、「生体に触れる」「触れない」いずれかのコースを選び料金を支払う。飲みものを注文して、カウンター越しにしばし猛禽たちを眺める。目の前にオナガハヤブサ、チョウゲンボウなどがいる。それだけで胸が高鳴る。

鳥のいるブース内は、カフェカウンターから向かって右手にフクロウ類＋小型猛禽類、左手に大型猛禽類がいて、真ん中はカーテンで仕切られている。際立って珍しい種類はおらず、王道的な種類だけなのがかえって好印象だ。

ブースに入ってみると、メンフクロウ1羽とアフリカオオコノハズク3羽は、ジェスでつながれておらず、ブース内を自由に歩き回っている。とくにメンフクロウは好奇心旺盛で、シベリアワシミミズクやヨーロッパノスリなどの大型猛禽にも遠慮な

フクロウ類と小型猛禽類ブースの中から。大型の猛禽類は、カーテンで仕切られている。（上）
メンフクロウのニギコロ。（左）

ハリスホークが、オーナーの合図で、肩から頭に乗っちゃう。

く近づいていく。つかまれて傷ついてしまわないかと心配になるが、そこはしっかりオーナーが目を光らせているから大丈夫。まだ生まれて3ヶ月というそのメンフクロウが、ニギコロ状態になっちゃうのにも驚いた。オーナーいわく、「（生まれてから）早いうちにやれば、できるようになる」とのこと。

そもそも、比較的穏やかな気質のノスリ類が多いとはいえ、基本的に独居型のタカ類が、同じブース（エリア）に並んでいること自体が驚き。さらにハリスホークに至っては、オーナーの指導のもとで肩や頭に乗せることができる。腕にはグローブをはめるが、肩や頭はパットなくなく直。しっかりした調教と、きちんと爪の手入れをしているからだ。また、このハリスホークをはじめ、シベリアワシミミズク、ヨーロッパノスリは、オーナーの合図に従って、翼を広げてくれるので、じっくり慌てずに記念撮影が出来る。そうこうしていると、1時間はあっという間だ。

気軽に来店した誰もが猛禽類を据え、まるで鷹匠にでもなったような気分になれる。その根本には、愛情を注ぐだけでなく、並々ならぬ手間暇をかけた調教の上に成り立つ、オーナーと鳥との深い信頼関係があるのは言うまでもない。「人を一人育てるみたいなもの」オーナーはあっさりとそう言ったが、店にいるだけで20羽ほどの猛禽類。おもわずビッグダディと呼びたくなってしまう。この店に来たら、みな猛禽類がすきになってしまうだろう。

猛禽類のギャラリー＆カフェ 鷹乃眼

http://1st.geocities.jp/takanomesky

住所　〒130-0002 墨田区業平 1-8-9
TEL　090-2338-2558
定休日　月、木曜日
生体販売　あり
e-mail　akiba2960@gmail.com

営業時間　13:00 ～ 21:00
※生体のコンディションにより短縮、臨時休業あり

料金　生体に触れる１時間（ワンドリンク付き）＝ 1,500 円
生体に触れない１時間（ワンドリンク付き）＝ 1,000 円
猛禽類ブースに入らない場合、ドリンクのみ別途。

アクセス　京成電鉄押上線、都営地下鉄浅草線、東京メトロ半蔵門線、東武伊勢崎線・「押上（スカイツリー前）駅」- 徒歩５分
東武伊勢崎線・「東京スカイツリー（旧・業平橋）駅」 徒歩７分

撮影メモ　f5.6,1/60 秒 ,ISO3200（翼を広げた様子＝ f4,1/500 秒 ,ISO6400）
背景がすっきりしていて、撮影しやすい。翼を開いた様子は、高感度でシャッター速度を上げて。

千葉県習志野市・大久保

Caf’e little ZOO カフェ・リトルズー

地元で人気のミニ動物園　まさにリトルズー。

タイクマタカ

店内には、猛禽だけでなく、爬虫類のカメ、トカゲ、ヘビなども多数いて、親子連れに大人気。

フリーズしていたかと思ったら、一瞬にしてコオロギをパクリ。早すぎて、撮影不能。

広い敷地に、多数の猛禽類と、爬虫類が、ずらり

お店のゲートをくぐると、フィンランドオオタカとクマタカが、鎮座してる。幼鳥だったら、威嚇をしたり、顔をザイルして、くるくる回したりしそうなんだけど、両方とも、立派な成鳥だから、人が通っても、「別に～」「だから何?」ってな具合で、こちらに目もくれず、興味なし。クマタカは、東南アジアの亜種だから、冠羽が、ぴょんと出っ張ってるし、やたらとかっこいい。シベリアワシミミズクも、同じく、こちらに興味を示さない貫録。でよやく、店内へ。かなりにぎわっている。持参した鷹を腕に乗せたお客さんは、かなりマニアックな話しで盛り上がってる。店主らしき人は、フクロウの爪を切ってる。かと思えば、数組の親子連れは、店内をうろうろして、水槽をのぞいたり、フクロウの頭をなでたり、はしゃいでる。カウンターに座

カウンターの眼の前に陣取っていたミルキーワシミミズク。すごいしょぼかわいい存在感。

フクロウスペースには、中型、小型のフクロウが並ぶ。

ると眼の前に、小さな水槽には、アカミミガメのアルビノ、大きな水槽には、リクガメが、野菜をバクついてるし、その水槽の脇には、ミルキーワシミミズクが、どーんと、こちらを見据えてる。右手には、小型のフクロウがずらり並び、その奥には、水槽が並んでいて、大きなマタマタやら、ヘビ類、イグアナ類がいる。左手のテラスには、大型のフクロウ類。そして、飲食も、普通にあれこれと食べることができるので、「夕飯は、リトルズーにしようか」と、スェットを着た、いかにも地元な親子連れも来ていて、ほかの店とは、一線を画した、郊外型の広い敷地に、多数の猛禽類と、爬虫類が、ずらりな、地元で大人気のミニ動物園。&レストランだ。まさにリトルズーは、流行りに乗って開店している店とは違う趣がある。成鳥が多い店

Caf'e little ZOO

http://little-zoo.jp

住所	〒275-0012 千葉県習志野市本大久保 1-4-10
生体販売	あり
TEL	047-455-3329
定休日	水、木曜日
営業時間	平日 :12:00 ～ 20:00(ラストオーダー 19：00) 金/土/祝前日:12:00 ～18:00(ラストオーダー 21：00)
料金	〈触れ合い料金〉￥300(込み合ってる場合は1時間半まで)＋1ドリンクオーダー制。 ★食事あり
アクセス	京成大久保駅徒歩６分（608m） JR 津田沼より新津田沼北口から「ハッピーバス」の京成大久保駅ルートの 11 番目の三角公園で下車。
撮影メモ	f5.6 1/60 ISO800 (店内) 店外にも鳥がいるので、明るさは場所により、かなり異なる。

神奈川県横浜市・本牧

ふくろうカフェ福来楼・本牧店

鷹匠と親子連れが集う憩いの店。

座って、目線にユーラシアワシミミズク。
（看板娘のマーズちゃん：現在乾燥重量が、今年の４月生まれで３．６キロ一越えでサイズがギネス級）

靴をぬいで、床に座って、フクロウとふれあえる唯一の店。

お店に到着、店外から、ガラス越しに、店内がみえる。楽しそうに、猛禽類とふれあう親子がみえる。入店すると、「靴をぬいでどうぞ」と言われた。そんなシステムは初めて。ベンガルワシミミズクが、かなり低い場所にいる。靴をぬいで、低い位置にいる、フクロウとふれあうのは、とても新鮮で、楽しい。多くの店が、中腰や、しゃがんで撮影したり、触れ合うので、「そういえば、靴をぬいで、フクロウが低い場所にいるの、すごくいい！」とわかった。しかし、フクロウを低い位置に置くと、怖がったり、警戒するので、そこらへんは、オーナーさんのスキルによるところが多いだろう。

店員さんも、床に座って、先客の子供たちに、フクロウの触り方などを教えてあげてる。

ベンガルワシミミズクも、リー

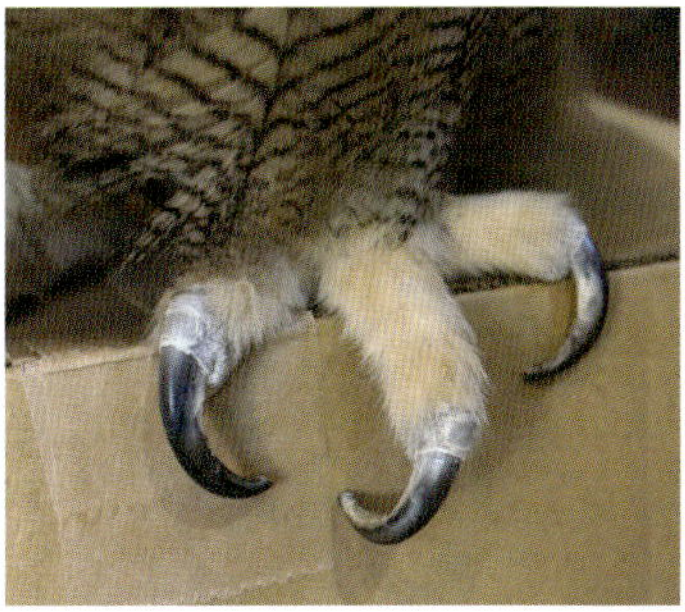

ユーラシアワシミミズク。北方の種類の足は羽毛で覆われている。

ベンガルワシミミズク：看板息子のベンジーくん。彼の冒険シリーズが周辺で噂の話題に。

ハリスホークがずらり。

シュが届く範囲で、うろうろして歩き回るもの、同じ場所でじーっとしてるもの、それぞれだなんだかフクロウがいる児童館に来ているような錯覚になる。

かたや、店の半分には、ハリスホークがずらり並んでいる。その中の1羽は11歳、レッドテールホークは10歳とのこと。この2羽は、この店のボスのように、野性味にあふれ、いかにも猛禽らしい精悍さを感じるが、しっかりと訓練の入った個体だ。鷹を連れて来店している人が、店員らしき人と話しこんでいる。近所の親子や、鷹匠たちの集う場所になっているようだ。

ふくろうカフェ福来楼　本牧店

http://yokohama-honmoku.fukurou-cafe.com
https://www.facebook.com/fukurou.cafe

住　所　〒231-0804
横浜市中区本牧宮原 7-1 ベルストーン 1 階

営業時間　13:30 ～ 20:30

生体販売　あり

TEL　045-232-9392

e-mail　info@yokohama-honmoku.fukurou-cafe.com

定休日　不定休(主に木曜日)

料　金　1,080 円　1 時間・入れ替え制
（1 ドリンク、1 羽手に乗せるサービス付）
・中学生～大人 1,080 円(税込)
・幼稚園～小学生 540 円(税込)
・身障者手帳提示で ￥540 円(税込)
・乳幼児は、保護者同伴で無料 （※ドリンク無し）
・店内でのプチフライト鷹匠体験￥500 円(税込)

アクセス　ＪＲ根岸線「石川町駅」からバス 11 分～「小港停」徒歩1分・山手警察署前
首都高速神奈川1 号横羽線／首都高速神奈川3 号狩場線「山下町IC」から 2.4km
首都高速湾岸線「本牧ふ頭IC 出口」から1.8km
Ｐ＝少し離れた場所にコインＰあり。

撮影メモ　f5.6　1/30 ISO 5000　自然光に左右されるため、撮影条件は、その都度異なる。

茨城県守谷市・立沢

シーフードレストランメヒコ・守谷店

家族や、グループで行きたい
心と、お腹が満たされるフラミンゴのいるレストラン

来店したら、フラミンゴを見ずにはいられない。

本格シーフード料理と、フラミンゴの関係は、果たして、、、

到着して、まず、駐車場の広さにびっくり。中に入ると、店内の広さにもびっくり。どこかのアミューズメントパーク内のレストランか、五つ星ホテル内のレストランに来たかのような雰囲気。びしっと制服を着たスタッフの出迎えがあり、席に案内される。テーブル席にとり囲まれた、広い中庭、ガラスの向こうに数十羽のフラミンゴ。気になって仕方ないが、メニューを見て注文もしなければ。日曜日の昼どき、ほぼ満席。家族連れや、男女混交のグループが多い。みなそれぞれに、フラミンゴを眺めつつ、食事をしている。

メヒコは、カニを中心としたシーフード料理専門レストラン。カニピラフ、パエリア、カニ味噌ペンネグラタン、エビ天重、などなど、シーフード以外

ソフトシェルクラブ（上）とカニ味噌クリームパスタ

のリブロースステーキ、フィレステーキなどもあり、パフェ、ケーキなどのデザートも充実。コース料理も充実している。あーどれも食べたい。すごく迷った末、ソフトシェルクラブ、ブイヤベース、カニ味噌のパスタを注文した。

カセットコンロ、殻入れ、フィンガーボールが用意されて、気分が盛り上がる。鳥じゃないのに、バードレナリンが、出てしまう。フィンガーボールってなんだっけ?と思い、「これなんですか?」と聞くと、スタッフが、丁寧に教えてくれる。

フラミンゴたちは、餌の時間のようで、餌入れに嘴を入れて、むしゃむしゃしてる。しばらくすると、水浴びをはじめるもの、寝るもの、羽繕いするもの、うろつくもの、自由時間らしい。水浴びは、完全に、足を曲げて、体を水に沈めて、ばしゃばしゃ〜と大胆にやってる。もういいじゃないっていうくらい長時間（=およそ10〜20分間）やっている。ここまで、安心しきっているのは、よほど上手に飼育しているからだろう。

フラミンゴを眺めつつ、運ばれてきた食事を食べつつ、ふと、思ったのは、フラミンゴを見ながら、食事するレストランという発想はどこから生まれたんだろうか。また、フラミンゴの紅色は、甲殻類を食べることで、発色する。もしかしたら、レストランの食材で、ふつうは、廃棄する、エビやカニの殻を餌に混ぜて与えているかもしれない。それを思いつき、見ていて、美しく、癒されるフラミンゴとレストランを融合したとしたら、その人は、天才なんじゃなかろうか。などと、あれこれ想像してしまった。お店に問い合わせて聞いてみたい気もしたが、それはいつかの楽しみにしておこう。

フラミンゴがいるというだけで、バードレナリンが出まくりなのに、おいしいシーフードを食べて、心もお腹も満たされる至福のひととき。もはやカフェではないが、紹介しないわけにはいかない。

ここにはヨーロッパフラミンゴとチリーフラミンゴが飼育されている。ヨーロッパフラミンゴは羽色が白っぽい。チリーフラミンゴは、紅色をしている。また、紅色がより鮮やかな、ベニイロフラミンゴがいる店舗もある。

シーフードレストラン メヒコ・守谷店

http://www.mehico.com/shop/flamingo3.html

住所	〒302-0118 茨城県守谷市立沢９８８－１
TEL	0297-46-1700
定休日	なし
料金	飲食料金のみ ★食事あり
営業時間	11:00 ～ 22:00（ラストオーダー 21:00）
アクセス	常磐自動車道・谷和原インターより 15 分 P：あり（50 台）客席 120 席

★系列店として、「いわきフラミンゴ館」「郡山フラミンゴ館」「水戸フラミンゴ館」「つくばフラミンゴ館」がある。

東京都豊島区・池袋

ペンギンのいるBAR

おいしいお酒、おいしい食事、＋ペンギン。

ケープペンギン

ドリンク、料理、接客、すべてのクオリティが高いバー

店内に入ると、すぐに店員さんが席に案内してくれる。1～2人ならカウンター、グループならばテーブル席。1人で行っても、イケメンで話し上手な店員さんが話しかけてくれるから退屈しない。店の奥はそこだけ水族館のような空間になっていて、数匹のペンギンたちが思い思いに過ごしている。水の中を泳いだり、うとうとしたり、ケンカしてみたり。そんな姿をガラス越しに撮影したり、時間が合えば餌をやったりも出来る。

こんな風にペンギンが"ウリ"なのにも関わらず、ドリンクや料理、店員さんの話術や接客、すべてのクオリティが高い。ペンギンがいなくてもさくっと使いたいと思わせる店だった。

ペンギンをシャメ中のお客さん。絶対、撮影したくなる。

ペンギンのいる BAR

http://www.penginbar.jp

住所　〒171-0014
東京都豊島区池袋 2-38-2 COSMY1 1 階

営業時間　18：00～翌 4：00
日曜のみ18：00～25：00
（祝前日の場合は通常営業）
※二名様から予約可能
※18 歳未満は入店不可

料金　入場料：800 円（税別）
タイミングが合えばペンギンへの餌やりが可能です。
（餌付けの時間は 19：00 前後）
★食事あり

TEL　03-5927-1310

定休日　年始以外無

アクセス　JR 池袋西口から徒歩 8 分

第４章
もっと楽しもう「とりカフェ」

＊ いぢまゆういち ＊

セキセイインコ型戦闘機
【楔騎（セッキ）】

陶器の癒しフィギュア。
全てハンドメイドの一点もの。手作りならではの温かさとやさしさに戦闘意欲消失。
11,112 円（税抜）※参考価格

＊ TENTORY ＊

バードテント

可愛いだけでなく、しっかりとした作りのバードテント。
926 円（税抜）

＊ niko ＊

がま口

ハンドメイドならではの温かさが魅力の鳥刺繍がま口。
2315 円（税抜）

＊ カミヤマリコ ＊

マトリョーシカ楊枝さし

楊枝以外にもペンや造花をさしたり使い方もアイデア次第。
2315 円（税抜）

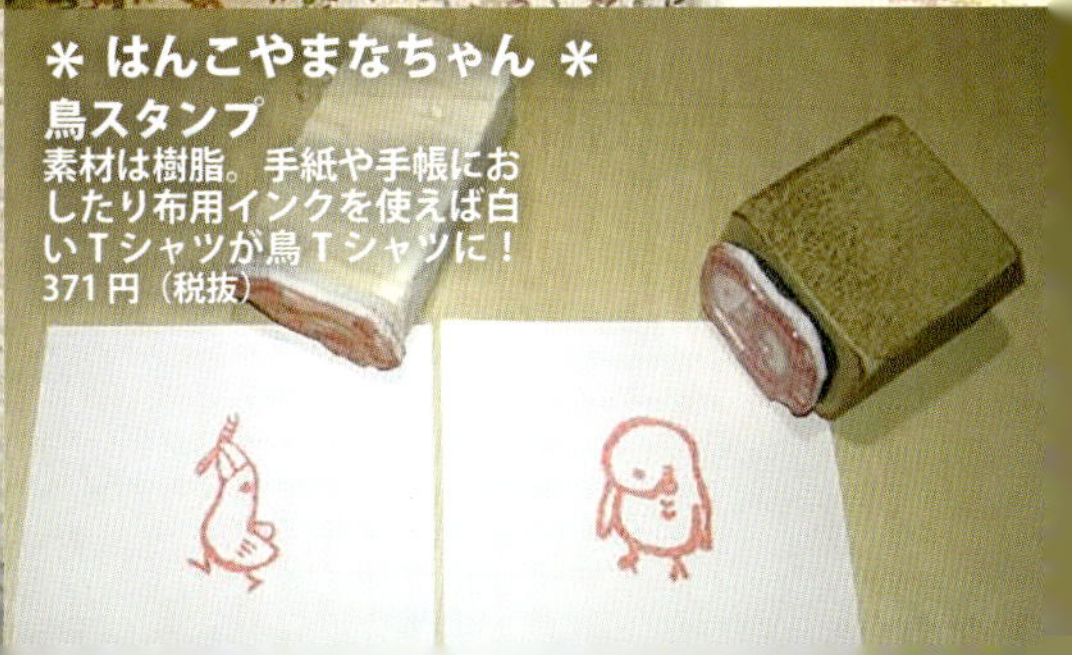

＊ はんこやまなちゃん ＊

鳥スタンプ

素材は樹脂。手紙や手帳におしたり布用インクを使えば白いＴシャツが鳥Ｔシャツに！
371 円（税抜）

価格は全て参考価格です。

bird goods collection

とりカフェにはかわいい鳥グッズもたくさん！！
生活にイロドリをプラスする小物を集めました。

＊ シマエナガぬいぐるみ ＊

SEKIGUCHI

シマエナガのぬいぐるみマスコット。本物さながらのつぶらな目がキュート。1,296円（税込）

＊ マメルリハインコのマグカップ ＊

mametosora

淡い色合いがとても爽やかなマメルリハインコのマグカップ。1,944円（税込）

＊ くつした ＊

KOTORITACHI

ブンチョウのアップが印象的なくつした。インコバージョンや色違いもあるので、お気に入りもきっとみつかる。540円（税込）

＊ マグカップ ＊

KOTORITACHI

大きく描かれたオカメインコがキュートなマグカップ。918円（税込）

＊ くつした ＊

kotoriiro
NAKAJIMA CORPORATION

セキセイインコの顔の刺繍が入ったくつした。左右で刺繍がちがうのだとか。410円（税込）

＊ プリントタイツ ＊

MotherTree

セキセイインコがプリントされたタイツ。セキショクヤケイ、シマフクロウ、ヘビクイワシなどさまざまな柄がある。2,808 円（税込）

＊ ポット ＊

KOTORITACHI

いろいろな鳥が描かれたポット。鳥の独特なチョイスがグッとくる。1,944 円（税込）

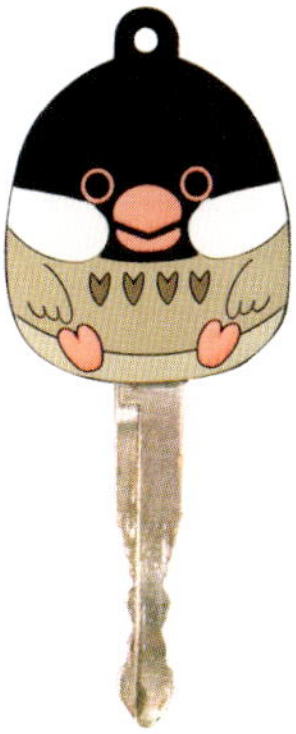

＊ キーカバー ＊

pi

まるっとデフォルメされたサクラブンチョウのキーカバー。思わず握ってみたくなるかわいさ。702 円（税込）

＊ 洗濯バサミ ＊

ことり隊　AMUSE

インコや文鳥のかわいいマスコットがついた洗濯バサミ。いくつも並べたくなるかわいさ。

非売品
※アミューズメント施設向け

＊ キーリング ＊

pi

オカメインコのメタルチャーム。1 羽でなく 2 羽ついているのがいい。
756 円（税込）

ことり隊

© AMUSE

＊ がま口ペンポーチ　＊

デザインフィル ミドリカンパニー

ワンポイントでことりの刺繍が入ったペンケース。シンプルなデザインで使いやすく、さりげなく、鳥好きをアピールできちゃう。1,490 円（税込）

※本製品は生産終了のため、在庫がなくなり次第、販売終了となります。

＊ クリアファイル ＊

いのりんこ

これを使えば、仕事がはかどる。
324 円（税込）

＊ ストラップ ＊

いのりんこ

平和を祈るインコたちのストラップ。
810 円（税込）

＊ コトリコレクション クッション ＊

SEKIGUCHI

インコや文鳥のビッグサイズなクッション。
存分にもふもふできる。
前列 1,944 円、後列 4,104 円 (税込)

＊ エナガのピンバッヂ ＊
＊ クマゲラのピンバッヂ ＊

コラソン商会

繊細で精巧な作りと透明感が人気の、野鳥の樹脂アクセサリーシリーズ。エナガ 1,000 円（税抜）、クマゲラ 900 円（税抜）

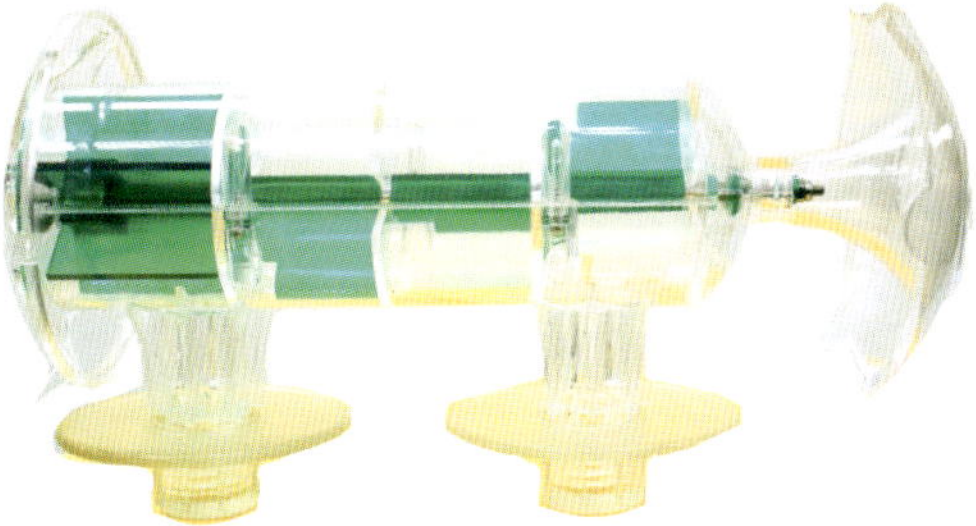

＊ PaddleWheel ＊

CAITEC

いっぱい遊んで、ストレスナッシング。（鳥に安全な素材で製作されています）
6,288円（税込）

＊ ぽえぽえ 12連ビーズ ＊

もも福

お土産に最適な鳥のオモチャ。遊び好きな、あの子に。800円(税込)

http://www.shop-momofuku.com

＊ アロハトイ・エンジェルリング ＊

ALOHA HEAVEN

鳥のリング型ブランコです。金属部分はベルを含めオールステンレス。
カラフルな色使いがケージの中を明るくします。1,480円（税込）

＊ ぽえぽえ がじがじコルク ＊

もも福

ひとつひとつが手作りの鳥のオモチャ。思う存分がじがじできる。
950円（税込）
http://www.shop-momofuku.com

＊ インコ帽子 ＊

もも福

セキセイインコの帽子。インコとお揃い。他の鳥種色々あり　鳥種によってはオーダー製作も可能 3,456円（税抜）

http://www.shop-momofuku.com

＊ モモイロイン紅茶 ＊
＊ コザクライン紅茶 ＊

ぽこの森

鳥さんをイメージした香りの紅茶はいかが？
540 円（税込）

＊ ぶんちょコーヒー ＊
＊ インコーヒー ＊

ぽこの森

鳥さん原産地のコーヒーはいかが？
270 円（税込）

＊ インコ飯のもと ＊

ぽこの森

これを食べれば、インコになった気分になれそう？！
486 円（税込）

＊ インコアイス ＊

ぽこの森

インコの匂いを再現した、話題のアイス。
インコアイス全種セット
（12個セット）4,428円（税込）

作家さんによる鳥グッズ

鳥グッズにはまだまだ巡り会える！作家さんたちによる鳥グッズを紹介。お気に入りが見つかるかも！

楓工房

餅ぶんちょアクリルチャーム

文鳥のかわいいアクリルチャーム。
1050 円（税抜）

イラスト工房ＥＭＩ

バネポーチ、スクエアポーチ

落ち着いた色合いで使いやすいポーチ。それぞれ 1,400 円（税抜）

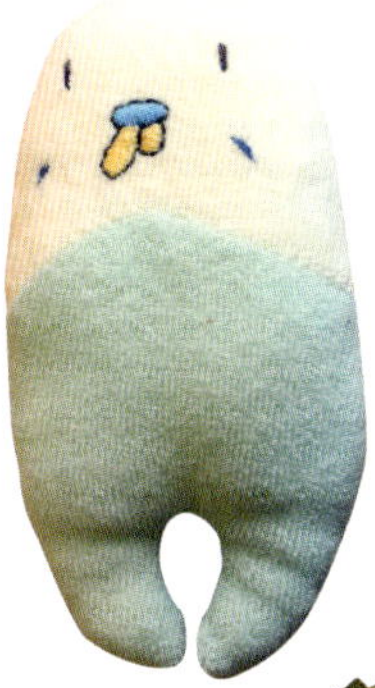

けて

ぎゅっ鳥セキセイ

ゆるい顔に癒されるマスコット。
1,500 円（税抜）

ぽぷら工房

ビードロを吹く片福面

浮世絵になったインコのポストカード。150 円（税抜）

キラキラのデリカビーズのピルケース

薬やピアスなどの小物入れ。
中にミラーがついてます。
2,500 円（税抜）

十里百

鳥和菓子ロール式キーホルダー

和菓子そっくりなインコのキーホルダー。食べちゃいそうなかわいさ。1,900 円 (税抜)

Crystal Bird

小桜インコのミンティアケース

キラキラかわいいコザクラインコのミンティアケース。5,500 円（税抜）

Crystal Bird

すずめのサプリメントケース

スワロフスキー社のクリスタライズを使用した、鳥さんのキラキラグッズ。3,500 円（税抜）

小鳥と花の リトルガーデン

インコのマグカップ

インコや野鳥を西洋上絵付けという技法で１つ１つ手描きしたマグカップ。4,800円（税抜）

CUT-ART さとうみよ

着せ替えステンレスマグカップ

切り絵が素敵なマグカップ。
1,944円（税込）

フィルム製シール

切り絵のばしっとしたラインがかっこいいシール。324円（税込）

小鳥と花の リトルガーデン

野鳥飾り皿

野鳥と花が美しい飾り皿。それぞれ20,000円（税抜）

torinotorio

ToriLatte

トリラッテのステンシルパウダープレートは、ラテの本格的な道具や技術のない方でも簡単にラテアート風のデザインカプチーノを楽しめます。トリラッテのパウダープレートを使っていつものティータイムに彩りを加えたり、お客様に感動を与えるちょっとした演出をしてみませんか？ 2,400円（税込）

suzumeya

オカメストラップ

ガラスのような樹脂でできた小さなストラップ。コロッとしていてかわいい。850円（税抜）

HEE-HAW
シルバーペンダントトップ
インコの形のペンダントトップ。
13,900円（税込）

HEE-HAW
セキセイインコマトリョーシカ
中からインコ、中からインコの
大家族。5,120円（税込）

青いことり工房
ファイバークロス
イラストがかわいいファイ
バークロス。750円（税抜）

ハルコウヤ
羊毛ブローチ
キンカチョウ、キレンジャク、ウズラ、コキンチョウ オカメインコ

羊毛ブローチ。集めたく
なっちゃう。それぞれ
1,000円（税抜）

原千恵子
ミニバスケット
文鳥やインコの絵があたたかい雰
囲気のミニバスケット。気分はピ
クニック。それぞれ2,000円(税込)

MiKuMo
羊毛ブローチ・ブルーボタン
羊毛でできたブローチ。1,296円
（税込）

羊毛ストラップ・マメルリハ
丸いデフォルメがかわいい
ストラップ。1,080円（税込）

おきあがりこぼし
そのかわいさに、思わずつつい
てみたくなる。1,500円(税込)

価格は、全て、参考価格です。

つぐみ製陶所

トリ豆皿

ハシビロコウ、オオタカ、シマエナガ

鳥のかわいさと焼き物の渋さがマッチしていて素敵な小皿。それぞれ 1,512 円（税込）

向日葵小鳥

ランチバッグ（どろぼう）

ほっかむりがキュートなことりのバッグ。1,300 円（税抜）

おかめのほっぺ羊毛日記

オカメブローチ

羊毛のオカメインコのブローチ。
1,080 円（税込）

★船堀インコ★

船堀インコファミリー（フレーム）

セキセイインコのフェルトアート。
1,300 円 (税抜)

OKAMEN75

オカメインコ（ルチノー）
インコ臭バッグチャーム
干し草系　【魅惑の背中】

インコの香りでいつでもインコ気分。2,380 円（税込）

工房いずみ

指輪大１７号（インコさん足モチーフ）

銀製のリアルな鳥の足モチーフの指輪。受注時に「＃ 10 ～ 20 番」くらいまで対応可。
16,800 円（税込）

OKAMEN75

インコ臭ネックレス（魅惑の背中）

インコの香りだけでなくかわいいチャームも魅力的。バリエーションもいくつかある。2,000 円（税込）

Bird Deco

羊毛フェルトのバッグ
森のオカメインコ、鳥カゴとセキセイインコ
かわいいカバンでお出かけしよう。
それぞれ 8,640 円（税込）

Bird Deco

コンゴウインコバッグ
コンゴウインコの刺繍の
バッグ。16,200 円（税込）

Bird Deco

ゴイサギ手ぬぐい
渋いデザインが素敵な手
ぬぐい。1,296 円（税込）

羊毛フェルトのオブジェ
白色オウム
羊毛フェルト製の置物。
30,240 円（税込）

Bird Deco

羊毛フェルトのオブジェ
オオワシ
存在感バツグン。オ
オワシのオブジェ。
86,400 円（税込）

Bird Deco

羊毛フェルトのオブジェ
ゴイサギ
スラッとした立ち姿を再現。
8,640 円（税込）

NORISAN

鳥タロット
鳥デザインのタロット。
4,736 円（税込）

NORISAN

鳥トランプ
鳥デザインのトランプ。
2,700 円（税込）

価格は、全て、参考価格です。

ひたき工房

タイル絵（カフェインコ）

白い器に一つ一つ手描きで鳥さん達を描いています。

リアルタイプが中心ですが、マンガチックなカフェインコシリーズの食器も、少しずつですが増えています。

5,400 円（税抜）

リアルマグ

白地に鳥のイラストが映えるマグカップ。4,000 円 (税抜)

花瓶

リアルな鳥の姿が描かれた花瓶。
3,500 円 (税抜)

KAPUSERUDO

温湿度計

鳥のマスコットが乗った温湿度計。1,100 円 (税抜)

m-pool

コトリのジョーロ

ことりのワンポイントがかわいいジョウロのミニチュア。1,200 円（税抜）から。
ノーマルオカメインコ 1,400 円 (税抜）　桜文鳥　1,400 円 (税抜)

m-pool

コトリのトレイ

ガラス細工のことりが縁に乗っている小物入れ。１匹バージョン 2,000 円（税抜）から。
写真の雀２匹は 3,400 円（税抜）

まゆイヌ

かたぬき動物ステッカー

とってもキュートなイラストのステッカー。324円（税込）

marship

オシドリひな達、冒険の旅へ

オシドリのひなが巣立っていくシーンを、そのままペンダントに。素材：シルバー 925
24,800円（税抜）

marship

フクロウとホタルブクロ

首をかしげ、こちらをじっと見つめるフクロウのペンダント。お花はホタルブクロがモチーフです。素材：シルバー925
18,500円（税抜）

オカメインコのストレッチ

小枝にとまって一休み。羽をのびのび伸ばしてストレッチしています。素材：シルバー925　18,500円（税抜）

marship

キツツキのイヤーカフ

あなたの耳をつつきます♪
イヤーカフは耳に挟むだけで簡単に着けられます。素材：シルバー 925
10,500円（税抜）

ごきげんハシビロコウ

いかつい顔で有名なハシビロコウですが、ごきげんに笑っています。重量感はありますが、存在感もばっちりなリング。素材：シルバー 925
31,800円（税抜）

価格は、全て、参考価格です。

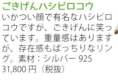

クイズ！

インコ
アタック 15

ずらっと並べた
インコ、オウム
の正面顔。
何種類わかる？

答えは 135 ページ！

16

17

18

19

20

21

フクロウ図鑑

ふくろう系カフェでよく見るフクロウたち 10種＋

インドコキンメフクロウ

英名 : Spotted Owlet
学名 : Athene brama
生息地 : アジア南部。
君の瞳に恋してる。19～21cm。

サバクミミズク（サバクコノハズク）

英名 : Pallid Scops Owl　学名 : Outs brucei
生息地 : 中東、インド。
ヨーロッパコノハズクに似るが、羽色はより淡色で灰色がかる。額は、黒斑が点在し、初列風切の白斑のコントラストは、より明瞭な傾向。16 ～ 22cm。

コキンメフクロウ

英名 : Little Owl　学名 : Athene noctua
生息地 : ヨーロッパ、東南アジア、北アメリカ。
見かけないお店がないくらいの種類。18～20cm。

アフリカオオコノハズク

英名 : Northern White-faced Owl
学名 : Ptilopsis leucotis
生息地 : アフリカサハラ砂漠以南とサバンナ。
擬態をすることで有名。カフェの個体は、人慣れしているのであまりしないけど。19 ～ 24cm。

ヨーロッパコノハズク

英名 : Eurasian Scops Owl
学名 : Otus scops
生息地 : ユーラシア 大陸＝中央ヨーロッパ以南、アフリカ北部、中央アジア 東部。
額は、黒斑が密集して大きな黒斑にみえる。16 ～ 21cm。

インコ、フクロウ図鑑ページでは、IOC マスターリスト Ver.5.4 に準拠した標準和名を使用しています。
() 内は、お店で呼んでいたり、流通している呼称

メンフクロウ

英名 : Western Barn Owl
学名 : Tyto alba
生息地 : アメリカ、北アフリカ、ヨーロッパ西部と南部部、中東、東南アジア、オーストラリア。
メンフクロウトリオ。ハイガオメンフクロウは別種。35～40cm。

クロ（ブラック）メンフクロウ

英名 : Barn Owl
クロメンフクロウ（メンフクロウの別亜種の可能性があるが、亜種不明）
生息地 : 中央～東ヨーロッパ、カナリア諸島東部。
メンフクロウのいくつかの亜種は、羽色が暗色。35～40cm。

イズパニオラメンフクロウ（ハイガオメンフクロウ・ススガオメンフクロウ）

英名 : Ashy-faced Owl
学名 : Tyto glaucops
生息地 : カリブ諸島。
メンフクロウの亜種から別種に分化。35 ～ 40cm。

タテジマフクロウ（ウサギフクロウ）

英名 : Striped Owl　学名 : Pseudoscops clamator
生息地 : 中南米。
名前の通り、ウサギちゃんなふくろう。32 ～ 41cm。

モリフクロウ

英名 : Tawny Owl　学名 : Strix aluco
生息地 : ヨーロッパ。
女子に一番人気の見た目、大きさＴＨＥふくろう。37 ～ 43cm。

ミナミワシミミズク（ベンガルワシミミズク）

英名 : Indian Eagle-Owl
学名 : Bubo bengalensis
生息地: インド亜大陸（ヒマラヤ、西ミャンマー）。
大型の中では、もっともよく見かける種類。
50 ～ 56cm。

シロフクロウ

英名 : Snowy Owl
学名 : Bubo scandiacus
生息地 : 北極圏、ユーラシア大陸、北アメリカ大陸。
北極圏生まれで暑さに弱いのだ。50 ～ 65cm。

小型～中型のフクロウ

ニシアメリカオオコノハズク

英名 : Western Screech Owl
学名 : Megascops kennicottii
生息地：アラスカ、カナダ、アメリカ西部、中南米。
21 ～ 24cm。

インドオオコノハズク
(インディアンスコップスオウル)

英名 : Indian Scops Owl
学名 : Otus bakkamoena
生息地：インド、パキスタン。黒目がかわいい。
19 ～ 23cm。

アカスズメフクロウ

英名 : Ferruginous Pygmy Owl
学名 : Glaucidium brasilianum
生息地：南アメリカ、メキシコ。
珍しい種類。掲載店中 2 店のみ（取材時）15cm。

スピックスコノハズク

英名 : Tropical Screech Owl
学名 : Megascops choliba
生息地：アメリカ。20 ～ 24cm。

アナホリフクロウ

英名 : Burrowing Owl
学名 : Athene Cunicularia
生息地：アメリカ大陸。
掲載店中 3 店のみ（取材時）
19 ～ 25cm。

スズメフクロウ

英名 : Eurasian Pygmy Owl
学名 : Glaucidium passerinum
生息地：北アフリカからヨーロッパ、中央アジア。
掲載店中 2 店のみ（取材時）
19 ～ 24cm。

オナガフクロウ

英名 : Northern Hawk-Owl
学名 : Surnia ulula
生息地：アメリカ北部、ヨーロッパ北部、アジア。
掲載店中 1 店のみ（取材時）
36 ～ 41cm。

トラフズク

英名 : Long-eared Owl
学名 : Asio otus
生息地：ユーラシア大陸、北アメリカの温帯、亜寒帯。
♀成鳥では、♂より羽色が濃い傾向がある。掲載店中２店のみ（取材時）38cm。

ニセメンフクロウ

英名 : Oriental Bay Owl
学名 : Phodilus badius
生息地：インド、インドネシア。
掲載店中１店のみ（取材時）22 ～ 30cm。

メガネフクロウ

英名 : Spectacled Owl
学名 : Pulsatrix perspicillata
生息地：中南米。41 ～ 52cm。

ニュージーランドアオバズク

英名 : Morepork
学名 : Ninox novaeseelandiae
生息地：チモール島、ニューギニア南部、オーストラリア、ニュージーランド。27 ～ 36cm。

ナンベイヒナフクロウ

英名 : Mottled Owl
学名 : Strix virgata
生息地：南米。29 ～ 38cm。

アフリカヒナフクロウ

英名 : African Wood Owl
学名 : Strix woodfordii
生息地：サハラ砂漠以南のアフリカ。19 ～ 24cm。

クロオビヒナフクロウ

英名 : Black-banded Owl
学名 : Strix huhula
生息地：コロンビア南部、ブラジル、パラグアイ、アルゼンチン北部。35 ～ 40cm。

フクロウ（ウラルアウル）

英名 : Ural owl
学名 : Strix uralensis
生息地：ユーラシア大陸北部、日本。北の亜種ほど、羽色が白っぽくなる。48 ～ 52cm。

アカアシモリフクロウ

英名 : Rufous-legged Owl
学名 : Strix rufipes
生息地：南アメリカ。
飼育下では、モリフクロウとペアになることが多く、交雑種も存在する。33 ～ 38cm。

オオフクロウ

英名 : Brown Wood Owl
学名 : Strix leptogrammica
生息地：東南アジア、ネパール。34~55cm.。

アビシニアンワシミミズク

英名 : Greyish Eagle-Owl
学名 : Bubo cinerascens
生息地 : 中央アフリカ。46~61cm。

アフリカワシミミズク

英名 : Spotted Eagle-Owl
学名 : Bubo africanus
生息地 : アフリカのサハラ南部、アラビア。ワシミミズクの中では小型。45cm。

クロワシミミズク（ミルキーワシミミズク）

英名 : Verreaux's Eagle-Owl
学名 : Bubo lacteus
生息地:アフリカ中央部。
雛なのに、おじさんぽい。掲載店中２店のみ（取材時）60~65cm。

カラフトフクロウ

英名 : Great Grey Owl
学名 : Strix nebulosa
生息地: ユーラシア北部、北アメリカ。おじさんぽい。掲載店中１店のみ（取材時）

キタアフリカワシミミズク（ファラオワシミミズク）

英名 : Pharaoh Eagle-Owl
学名 : Bubo ascalaphus
生息地: 北西アフリカ - ハラ砂漠、中東。ベンガルワシミミズクに酷似するが、体が小さい。46 ～ 50cm。

イワワシミミズク（ケープワシミミズク・マッキンダーワシミミズク）

英名 : Cape Eagle-Owl
学名 : Bubo capensis
生息地 : アフリカ。46 ～ 61cm。

アメリカワシミミズク

英名 : Great Horned Owl
学名 : Bubo virginianus
生息地 : アメリカ。
西側の亜種は、羽色が灰色。
北西部のものはより白っぽい。
45 ～ 70cm。

亜種シベリアワシミミズク

英名 :
Western Siberian Eagle Owl
学名 : Bubo Bubo sibiricus
生息地 : シベリア、ウラル。他亜種よりも、羽色が白っぽい。58 ～ 75cm。

ワシミミズク（亜種ユーラシアワシミミズク・タイリクワシミミズク）

英名 : Eurasian Eagle-Owl
学名 : Bubo bubo
生息地 : ユーラシア大陸（極地圏・熱帯除く）、アフリカ。
56 ～ 75cm。

亜種イラニアンワシミミズク（イラメニアンワシミミズク）

英名 : Afghan eagle-owl
学名 : Bubo bubo nikolskii
生息地 : 中東。
75cm。

シロハヤブサ×ワキスジハヤブサ（セイカーハヤブサ）

英名:Gyrfalcon × Saker Falcon
学名:Falco rusticolus×Falco cherrug

人工的な交配による。セイカーハヤブサの俊敏さと、シロハヤブサのしつこさ、強さを合わせもつという。

ラナーハヤブサ

英名 : Lanner Falcon
学名 : Falco biarmicus
生息地：ヨーロッパ南部、アフリカ（熱帯雨林を除く）。
♂ 34cm ♀ 50cm。

チゴハヤブサ

英名 : Eurasian Hobby
学名 : Falco subbuteo
生息地: アフリカ大陸、ユーラシア大陸。
♀成鳥の下面は、バフ色がかる。
♂ 32~35cm、♀ 33~37cm

チョウゲンボウ

英名 : Common Kestrel
学名 : Falco tinnunculus
生息地：ユーラシア大陸、アフリカ大陸。♂成鳥の頭部は青灰色。♂ 33cm ♀ 38cm。

ノスリ（ヨーロッパノスリ）

英名 : Common Buzzard
学名 : Buteo buteo
生息地：ユーラシア大陸西部、アフリカ。51 ～ 57cm。

オオタカ（ヨーロッパオオタカ）

英名 : Northern Goshawk
学名 : Accipiter gentilis
生息地：ヨーロッパ。
♂ 49~56 ♀ 58~64cm。

オナガハヤブサ（アプロマドファルコン）

英名 : Aplomado Falcon
学名 : Falco femoralis
主な生息地：メキシコ、中南米、南米。37 ～ 45cm。

ワキスジハヤブサ（セイカーハヤブサ）

英名 : Saker Falcon
学名 : Falco cherrug
生息地：主にユーラシア大陸内陸部の内陸部（主に草原帯）。43 ～ 56cm。

モモアカノスリ（ハリスホーク）

英名 : Harris's Hawk
学名 : Parabuteo unicinctus
生息地：北米から南米。
野生下では群れで生活に、協力しあって、狩りをする。
♂ 46 ♀ 76cm。

シロノスリ

英名 : White Hawk
学名 : Pseudastur albicollis
生息地：メキシコ、ペルー、ボリビア、ブラジル。50cm。

アカオノスリ

英名 : Red-tailed Hawk
学名 : Buteo jamaicensis
生息地：アメリカ。
45 ～ 56cm。

セキセイインコ＆オカメインコ、オウム＆大型のインコ

オカメインコ（ノーマル）

英名：Cokatiel
学名：Nymphicus hollandicus
体長：32cm

オカメインコ（シナモンパール）

英名：Cokatiel
学名：Nymphicus hollandicus
体長：32cm

オカメインコ（ルチノー）

英名：Cokatiel
学名：Nymphicus hollandicus
体長：32cm

オカメインコ
（ホワイトフェイスパイド）

英名：Cokatiel
学名：Nymphicus hollandicus
体長：32cm

セキセイインコ（オパーリン）

英名：Badgerigar
学名：Melopsittacus undulatus
体長：18cm

セキセイインコ
（オパーリンパイド）

英名：Badgerigar
学名：Melopsittacus undulatus
体長：18cm

セキセイインコ（ブルーパイド）

英名：Badgerigar
学名：Melopsittacus undulatus
体長：18cm

セキセイインコ（ルチノーパイド）

英名：Badgerigar
学名：Melopsittacus undulatus
体長：18cm

セキセイインコ（スパングル）

英名：Badgerigar
学名：Melopsittacus undulatus
体長：18cm

セキセイインコ（ノーマル）

英名：Badgerigar
学名：Melopsittacus undulatus
体長：18cm

セキセイインコ
（パステルレインボー）

英名：Badgerigar
学名：Melopsittacus undulatus
体長：18cm

セキセイインコ（アルビノ）

英名：Badgerigar
学名：Melopsittacus undulatus
体長：18cm

セキセイインコ（ルチノー）

英名：Badgerigar
学名：Melopsittacus undulatus
体長：18cm

オオバタン

英名 : Salmon-crested Cockatoo
学名 : Cacatua moluccensis
体長 : 50cm

コバタン

英名 : Yellow-crested Cockatoo
学名 : Cacatua sulphurea sulphurea
体長 : 33cm

コキサカオウム

英名 : Citron-crested Cockatoo
学名 :
Cacatua sulphurea citrinocristata
体長 : 35cm

パンダコカトゥー

タイハクオウムとアカビタイムジオウムのハイブリッド。

モモイロインコ

英名 : Galah
学名 : Eolophus roseicapilla
体長 : 37cm

ヨウム

英名 : Grey Parrot
学名 : Psittacus erithacus
体長 : 35cm

タイハクオウム

英名 : White cockatoo
学名 : Cacatua alba
体長 : 46cm

アオボウシインコ

英名:Turquoise-fronted Amazon
学名:Amazon aestiva
体長 : 37cm

キエリボウシインコ

英名 : Yellow-naped Amazon
学名 : Amazona auropalliata
体長 : 36cm

キビタイボウシインコ

英名 : Yellow-fronted Amazon
学名 : Amazona ochrocephala
体長 : 36cm

サザナミインコ

英名 : Barred Parakeet
学名 : Bolborhynchus lineola
体長 : 15cm

オキナインコ

英名 : Monk Parakeet
学名 : Myiopsitta monachus
体長 : 29cm

コザクラインコ（ノーマル）

英名 : Rosy-faced Lovebird
学名 : Agapornis roseicollis
体長 : 15cm

サザナミインコ（ルチノー）

英名 : Barred Parakeet
学名 : Bolborhynchus lineola
体長 : 15cm

ソデジロインコ（キソデインコ）

英名 : White-winged Parakeet
学名 : Brotogeris versicolurus
体長 : 22cm

コザクラインコ（パリッド幼鳥）

英名 : Rosy-faced Lovebird
学名 : Agapornis roseicollis
体長 : 15cm

ズグロシロハラインコ

英名 : Black-headed Parrot
学名 : Pionites melanocephalus
体長 : 25cm

ボタンインコ

英名 : Lilian's Lovebird
学名 : Agapornis lilianae
体長 : 14cm

マメルリハインコ（ブルー）

英名 : Pacific Parrotlet
学名 : Forpus coelestis
体長 : 12cm

アキクサインコ

英名 : Bourke's Parrot
学名 : Neopsephotus bourkii
体長 : 19cm

ズアカハネナガインコ

英名 : Red-fronted Parrot
学名 : Poicephalus gulielmi
体長 : 28cm

ヒオウギインコ

英名 : Red-fan Parrot
学名 : Deroptyus accipitrinus
体長 : 35cm

ワカケホンセイインコ

英名 : Indian rose-ringed parakeet
学名 :Psittacula krameri manillensis
体長 : 40cm

コガネメキシコインコ

英名 : Sun Parakeet
学名 : Aratinga solstitialis
体長 : 30cm

シモフリインコ

英名 : Dusky-headed Parakeet
学名 : Aratinga weddellii
体長 : 28cm

ビセイインコ
(オーストラリアンブルー)or(ブルー)

英名 : Red-rumped Parrot
学名 : Psephotus haematonotus
体長 : 27cm

ホオミドリウロコインコ

英名 : Green-cheeked Parakeet
学名 : Pyrrhura molinae
体長 : 26cm

ホオミドリウロコインコ(シナモン)

英名 : Green-cheeked Parakeet
学名 : Pyrrhura molinae
体長 : 26cm

イワウロコインコ

英名 : Black-capped Parakeet
学名 : Pyrrhura rupicola
体長 : 25cm

野生のインコ・オウム

ムジボウシインコ（アマゾン）

野生のインコは、南米、東南アジアでは主に熱帯雨林に、オーストラリアでは、街の中から、サバンナなどに生息している。野生下では、警戒心が強いものが多い。飼育下と同じで、親子、群れの仲間意識が高く、とても仲がいい。

解毒、ミネラル補給のため土を食べるシモフリインコの群れ（アマゾン川）

花を食べるオグロウロコインコ（アマゾン）

ねぐらに向かうキバタン（オーストラリア）

ダルマインコ（シンガポール）

クロビタイイロオインコ（アマゾン）

コオオハナインコモドキの親子（ボルネオ）

キビタイボウシインコ（アマゾン）

ハシブトルリインコ（エクアドル）

コセイガイインコ（オーストラリア）

ミドリサトウチョウ（タイ）

ハゴロモインコ（オーストラリア）

ゴシキセイガイインコ（オーストラリア）

民家の庭に水を飲みに来たモモイロインコ（オーストラリア）

キンパラの親子（ボルネオ）

野生の猛禽・フクロウたち

野生に生きて、飛び回る。獲物にありつけない日もある。飼育下よりも、寿命は、短いかもしれないが、生きるために、生きている彼らの姿こそ が、リアルな姿だ。生息地の開発は止まらず、食物連鎖の頂点に立つ猛 禽類の生活場所は、日々奪われている。是非、彼ら の姿を、そ〜っとのぞいてみてほしい。

日中に獲物を探すコミミズク（日本）

南下してきたシロフクロウ（カナダ）

休憩中のアメリカワシミミズク（カナダ）

日中に獲物を探す厳冬地域のフクロウ（日本）

夕刻、巣箱から顔を出した
コノハズク 赤色型（日本）

木陰で眠るリュウキュウ
コノハズク（日本）

雛を見守るアオバズク
（日本）

越冬中のトラフズク
（日本）

フクロウは日中にも普通に活動する（エクアドル）

ジャングルの奥地でたたずんでいた
オオフクロウ（ブルネイ）

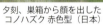

アンデススズメフクロウ（エクアドル）

アメリカキンメフクロウ（カナダ）

ヒガシメンフクロウ（オーストラリア）

チャバラオオコノハズク（アマゾン）

ペルースズメフクロウ（エクアドル）

オオスズメフクロウ（タイ）

カンムリズク（アマゾン）

クロオビヒナフクロウ Sanisidro Owl（エクアドル）

吹雪の中、ねぐらで休むフクロウ（北海道）

魚を求めてやってきたシマフクロウ（北海道）

野生の猛禽・日本の鷹類

日本国内でも、様々な鷹類を見ることができる。
その多くが、開発などで、生活が脅かされて、絶滅の危機に瀕している。

ねぐらに戻ってきたハイイロチュウヒ（愛知県）

狩りに向かうシロハヤブサ（北海道）

オオワシ（北海道）

獲物（ネズミ）をカラスに奪われまいとするカンムリワシ（沖縄県）

ツグミを捕まえたハヤブサ（沖縄県）

谷間を帆翔するイヌワシ（滋賀県）

獲物を捕まえたオオタカ（群馬県）

♂に獲物を渡されて、鳴き叫ぶツミ♀（東京都）

お腹が減って、うろうろするクマタカ幼鳥（神奈川県）

狩りに向かうロシアオオタカ（新潟県）

スズメを捕まえたチゴハヤブサ（長野県）

モフモフことり用語

ことり用語集詳しくは (P126)

セキセイインコがすさーっ（伸び）（とり村）

ほわ毛が風でゆーらゆら。気づいていない、気にしていないところがかわいい〜ほわ毛（とり村）

くるりん寝中のオオキボウシインコ(とり村)

羽繕いをするコザクラインコ（ことりカフェ表参道）

おべんとついてるよ〜。ブンチョウ（ことりカフェ吉祥寺）

ぽち毛。セキセイインコ・オパーリンジャンボクォーター（個人飼育）

コガネメキシコインコのくるりん寝（鳥のいるカフェ浅草店）

ニギコロ。コザクラインコ・ブルーパイド（個人飼育）

ニギコロ。ホオミドリアカオウロコインコ（ことりカフェ吉祥寺）

猛禽・鷹匠用語

詳しくは (128P) を見てね。

帆翔するクマタカ (野生個体)

コキンメフクロウのアヒル寝
(しあわせをよぶふくろうの城原宿店)

水中い潜り逃げたコガモが上がってくるのをホバリングして待つ野生のオオタカ。(亜種ロシアオオタカ)

アヒル寝ではないけれど、こんな寝方も。インドオオコノハズク(しあわせをよぶふくろうの城原宿店)

滑翔するハヤブサ。(野生個体)

擬態をするヨーロッパコノハズク。興奮すると、関羽を立てる。(しあわせをよぶふくろうの城原宿店)

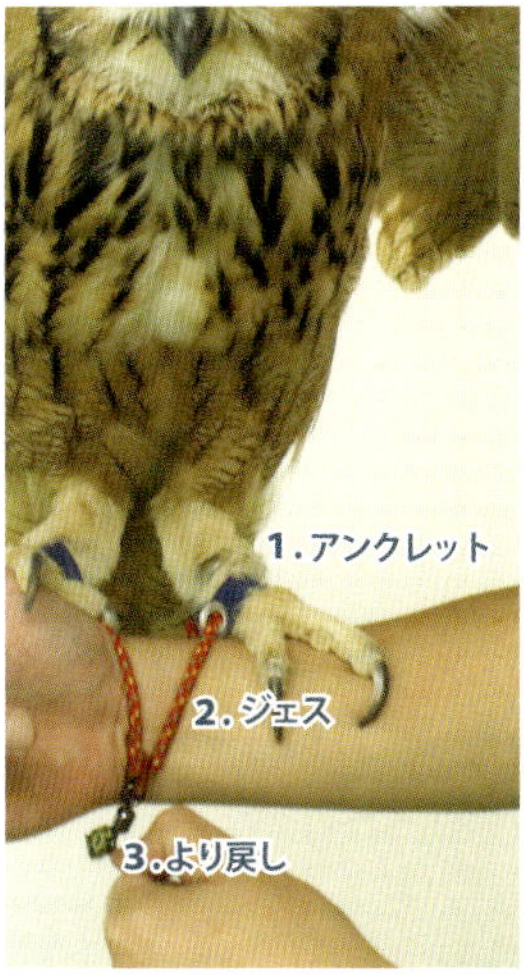

①アンクレット②ジェス③より戻し
（新宿・ふくろうカフェもふもふ）

ペリットを吐きだそうとして、宇宙人顔になっているツミ(野生個体)

ウサギフクロウがペリットを吐きだそうと、オエ〜ってやってるところ(市ケ尾・フクロウに会えるお店ふわふわ)

ユーラシアワシミミズクのペリット
(本牧・福来楼)

オオフクロウのペリット
(蒲田・ふくろうのおうち)

擬態をするコノハズク（野生個体）

①初列風切(Primary)②次列風切(Secondary)③小翼羽(押上・鷹乃眼)

威嚇をするケープワシミミズク（池袋イケフクロウカフェ）

モフモフことり用語集

TEXT by 脇屋記代

◆ モフモフ

寒い時やリラックスしている時に羽毛を膨らませている状態。

◆ ワキワキ

暑い時、羽毛を寝かせてほっそりした姿で、両方の脇を広げて熱を放出している状態。

◆ ニギコロ

人間の手のひらの上でころんと仰向けになり、大人しくしている状態。

かなり人に慣れていないと出来ない。

◆ 頭ニギ～

インコが自分の足で自分の頭を握って落ち着いている状態。

◆ くるりん寝

頭を背中に乗せて寝ている姿の事。

◆ ドリル

水浴びのあとなどにブルブル～ってした時の写真がドリルみたいだから。

◆ ポッチ、ポチ毛

セキセイインコの首回りにある黒い丸模様のこと。これが立派な雄はモテるらしい…。

抜けると飼い主が宝物として保管する。

◆ 眉毛インコ

目の上の模様が眉毛みたいになる現象（笑）
トヤの時になる事が多い。

◆ おべんと

水を飲んだ後に餌を食べて、御飯がクチバシにいっぱい付いてる状態の事。

◆ マダム、マダム顔

半目状態、またはその瞬間を捉えた写真のこと。一般的には失敗写真になるはずだが、インコ界ではマダム顔として喜ばれる。

◆ インコ星人

生まれて数日のまだ羽が生えていない赤ちゃんインコのこと。宇宙人みたいなので、愛着を込めてこう呼ぶ。

◆ 換羽（トヤ）

季節の変わり目などで羽が生え換わること。

◆ 筆毛（ふでげ）

生えてきたばかりの鞘に包まれた状態の羽。ツクツクと呼んだりもする。この状態の時は痒いらしく、ほぐしてあげると気持ち良さそうにする。

◆ 冠羽（かんう）

頭にある飾り羽。興奮したり驚いたりすると立つ。冠羽のあるものがオウム、無いものがインコと分類される。

◆ 羽づくろい

グルーミングのこと。羽を整えるだけでなく、精神を安定させる効果もあるため、落ち着きを取り戻したいときに意識的に行うこともある。

◆ モフ毛、ほわ毛

羽づくろいの時に抜けた綿毛のような羽が、クチバシや鼻に付いた状態の事。とても間抜け（笑）

◆ 尾脂線（びしせん）

尾羽の付け根辺りにある突起。ここから出る脂を羽づくろいの際に羽毛に塗り付ける事によって、水を弾きハリのある、良質な状態の羽を保つことが出来る。

◆ 蝋膜（ろうまく）

セキセイインコの鼻の部分。青いのが雄オス。肉色なのがメス。

ハルクインやルチノーではあてはまらない。

◆ 甘噛み

本気ではなく、痛くない程度に優しく噛むこと。

◆ 躾、トレーニング

インコの躾は褒めて躾る。体罰厳禁。

◆ インコ臭

インコ特有の芳しい香り。鳥の種類、個体差によって香りは様々。

お日様に干した布団の臭い。メープルシロップ。干し草。チーズ。フルーツ。等さまざま。

水浴び後は臭いが強くなる。

一般的にコザクラインコは臭いが強く、水浴び後は雑巾臭（笑）

◆ かいぬし～
飼い主めがけて飛んできた瞬間の写真のこと。

◆ あんよ
足。愛着を込めてこう呼ぶ。

◆ おちり
お尻。愛着を込めてこう呼ぶ。インコ好きは、おちり好き♡

◆ 親バカ
インコ飼いはみんな自分の子が世界一可愛いと思っている。

◆ おててタクシー
放鳥後、ケージに戻るのに飼い主の手に乗って運ばれる事。手のタクシーで、おててタクシー。

◆ ラブゲロ
雄が雌に愛情の証としてあげる吐き戻した餌のこと。
1羽飼いの子はお気に入りのオモチャや飼い主の爪にラブゲロする。

◆ ホモップル
雄同士のカップルのこと。不毛の愛（泣）

◆ エビフライ
尾羽が短く、羽が生え揃っていない姿が似ている為、特にコザクラインコの雛はよくこう呼ばれる。

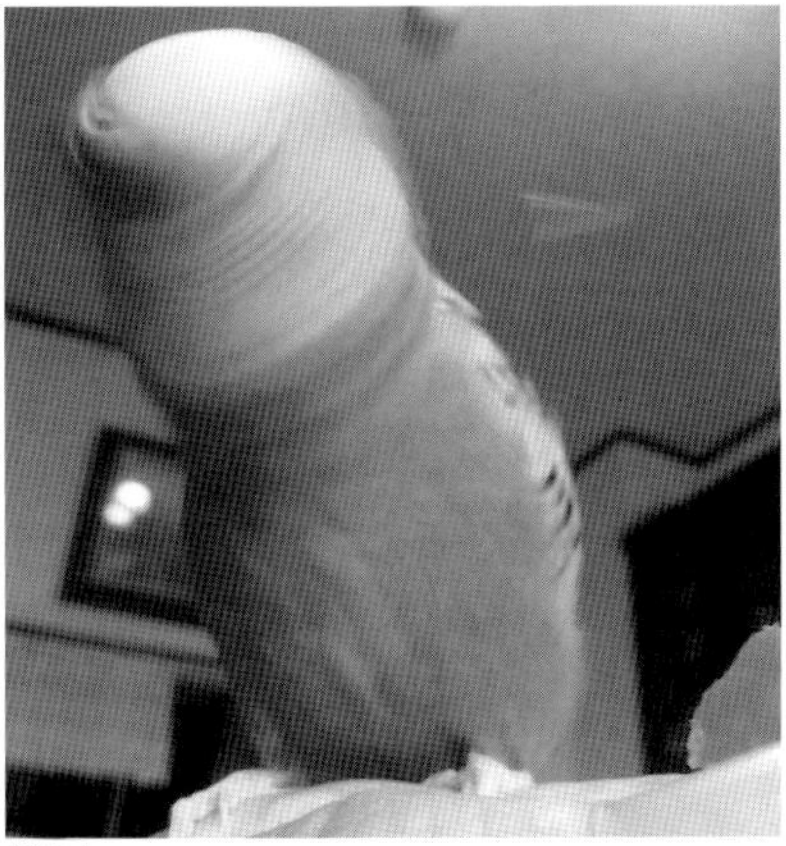
ドリル

おちり

おべんと

かいぬし～

※全てジャンボセキセイ（個人飼育）

猛禽類&鷹匠 用語集

TEXT by 石田博巳（新宿フクロウカフェもふもふ）

◆ ハンギング haging
羽ばたかずに、尾と広げた翼を動かしてバランスをとりながら、空中に停止する飛び方。主に、翼が大きく広い大型の猛禽類で、向かい風のとき見れらる。

◆ ホバリング hovering flight
羽ばたきながら尾を使ってバランスをとり、ヘリコプターのように空中に停止すること。

◆ 帆翔
翼を全開し、羽ばたかずに上昇気流を利用して飛ぶこと。輪（弧）を描くように飛ぶことが多い。

◆ 滑翔
翼をややつぼめるようにして、羽ばたかずに滑るようにして飛ぶこと。

◆ 初列風切=プライマリー primary
鳥類の羽のうち、翼の先の方に生える一連の大きな羽。

◆ 次列風切=セカンダリー secondary
鳥類の前腕部に生える一連の大きな羽。

◆ 小翼羽
翼の最も外側についている数枚の小さな羽のこと。

◆ 羽角
コノハズク類などのフクロウ類の頭部に見られる角のように立った羽毛。耳のようにも見えるが、耳の位置とは異なる場所に生えている。

◆ 顔盤
フクロウ類の頭部に見られる構造で、細かく細長い羽が顔の輪郭を作るように並んでその内側に盤状になっている。集音効果があるといわれており、音を頼りに獲物を探すのに役立っている。チュウヒ属でも見れらる。

◆ 蝋膜
猛禽の嘴の付け根を覆う膜で、嘴のこの部分に鼻孔がある。

◆ アイルメリ aylmeri
アイルメリ・ジェスのことで、猛禽の足に付ける足革のなかでも足輪とストラップの部分が分かれているもの。

◆ 大緒
猛禽を繋ぐ際に、足革に付けたより戻しの一端に付ける紐で、これを止まり木などに結び付ける。

◆ より戻し=スイベル swivel
猛禽の足に付ける『足革（あしかわ）』のよじれを解消するために付けるための金具で、２つの輪から成る。

◆ ファルコンブロック
小型から中型フクロウを係留する道具の一つ。

◆ リーシュ、リード
フクロウ等を離れないように繋ぎ止めておく紐。

◆ 止まり木
フクロウ等を繋留する道具の一つ。

◆ ゲージ
フクロウ等を飼育する空間。

◆ キャリー
フクロウを運ぶ際に使う入れ物。結構ウサギ用が使われる。

◆ アンクレット
フクロウの足に付けるストラップ。おしゃれするならここ。

◆ アクシピター　accipiter
ハイタカ属（の猛禽の総称）の英語。短く幅の広い翼、長い尾、翼下面に鷹斑模様があるなどの特徴がある。

◆ ビュテオ、ブテオ buteo
ノスリ属の猛禽の総称。

◆ バードオブプレイ bird of prey
ラプター（raptor）と同様に猛禽（タカ目およびフクロウ目の鳥）をさす英語。タカ目、ハヤブサ目の鳥（ワシ、タカ、ハヤブサ・・・、コンドル、ハゲワシなど）のみを指す場合も多い。

◆ CB
飼育下繁殖固体。

◆ WC＝ワイルド
野生個体。

◆ ロスト lost
フクロウが逃げること。帰省本能がほぼないとされている。

◆ フリーフライト
フクロウ等をリードなしで、飼い主がコントロールして飛ばすこと。

◆ ホーキング Hawking
鷹狩りのこと。

◆ ブリーダー
繁殖、孵化、飼育、流通まで行っている人。

◆ ファルコナー falconer
鷹狩りでワシタカを扱う鷹匠のこと。

◆ ファルコンリー falconry
ワシタカを使用して狩りを行うこと。

ブラックメンフクロウのザイル（ふくろうマジック）

◆ ペリット pellet
餌の消化できない部分（毛、羽根、骨など）が胃内で固められて吐き戻されたもの。

◆ 盲腸糞
黒くとても悪臭。一日二回くらい、鼻が取れそうになる。

◆ 擬態
身体を細くして、木に擬態すること。とくに森林性の小型のフクロウ類がよく行う。ふくろうカフェでは、ふくろうが人慣れしているので、威嚇する姿はあまり見られない。

◆ ベタ馴れ
人を嫌がらず、なついていること。

◆ 威嚇
羽を広げ、身体を大きく見せる。フクロウ類は、「カチカチ」と、嘴を鳴らす行動もする。

◆ あま噛み
優しく噛むこと。

◆ 水浴び、砂浴び
羽や皮膚をきれいにする行動。

◆ アヒル寝
雛時期によくする寝かた。超かわいい。

◆ 片足寝
リラックスや寝るときは基本的に一本足になる。警戒していると二本足。

◆ ザイル
首を回す様子。

◆ アスペルギルス症
アスペルギルスという真菌（カビ）に起因する呼吸器の病気。環境の変化や感染症などによるストレスが原因で発症する。野生猛禽には見られないと言われている。

◆ 誤飲
フクロウでは多い事故の一つ（ストッキング丸のみ等）。

◆ リード事故
リードに引っかかり、宙ずりになること。これも、フクロウの多い事故の一つ。

もっと楽しむ
とりカフェ

鳥好きの集う店

東京都足立区・栗原

インコとハンコ　よいな

店鳥は青い鳥マメルリハのティヨコ（２才）

白木に鳥のペイントをするマトリョーシカ作りのワークショップ

鳥好きの友だちへのプレゼント選びはここで決まり！

鳥好きなら思わず二度見してしまう「インコとハンコ」の看板が目印。

店内は壁面と棚いっぱいに委託販売中である様々な作家さんの一点物のインコ雑貨が所狭しと並んでいます。

鳥の羽根で作ったドリームキャッチャーや鳥をあしらった布小物や木工品など鳥づくし。

オーダーメイド可能な作品も。

週末には大きな丸テーブルを囲んで、作家さんによるワークショップが開催されます。

愛鳥の羽を使ったアクセサリー作りや白木のマトリョーシカに鳥のペイントをしたり、カラフルなフエルトで鳥のマスコットを作ったり、愛鳥家の心を鷲掴みにする企画が満載。

またハンコ部門ではインコ大好き店員の田中さん（はんこやまなちゃん）が愛鳥の写真や自作のイラストなど見せれば鳥の名前や自分の名前を入れてオリジナル鳥ハンコを作ってくれます。

10ミリ位の小さなものから住所印など大きなものまでお手頃価格で色々楽しめます。

ハンコの素材は現在のところゴムか樹脂ですが三文判のような実用的な判子も開発中らしいです。

インコとハンコのお店で
オーダーされたハンコ

インコとハンコ　よいな

http://ameblo.jp/yoina417

住　所	〒 123-0842 東京都足立区栗原 3-30-14	生体販売	なし
TEL	03-5691-8620	定休日	火、水、木曜日
営業時間	11:00 ～ 18:00	料　金	オーダーハンコは 1,000 円～
アクセス	東武スカイツリーライン西新井駅下車徒歩 12 分 無料 P 1 台あり。近くにコイン P あり。		

【ワークショップの参加方法は web で。】

もっと楽しむ
とりカフェ

鳥好きコラム

我が家の「黄太郎」

鳥グッズ作家★船堀インコ★とうがらしみゆき

セキセイインコの『黄太郎』とオカメインコの『ミカン』

我が家にはやんちゃなセキセイインコの「黄太郎（きたろう）」と、ビビリで物静かなオカメインコの「ミカン」がいます。

私が小さい頃に母と行った夏祭りのくじ引きで当てたのが黄色のセキセイ（ぴっちゃん）でしたが、4年半という短い命でした。当時は、病気の鳥をどこに連れていけばよいかなどもわからず、知識もなく、大人になってからもあの時もっと何かできなかったのか…と、心のどこかでずっと思っていました。

自分が大人になって家庭を持った時に、もう一度、同じ種類の同じ色の鳥を、その子の生まれ変わりだと思って育てようと、生まれて3週間のセキセイインコを迎え、黄色い、男の子（太郎）だから「黄太郎（きたろう）」と名付けました。お喋りもたくさん覚えてくれます。毎日をより楽しく過ごすことができて、黄太郎と私は一心同体のように生きてきました。

しかし、ちょうど「ぴっちゃん」がなくなった時期と同じ4年半、「黄太郎」の体調に異変があり、直ぐに小鳥専門の病院に連れていきました。原因は寒さのため、腸炎になったか、ごくごく軽い金属中毒とのことでした。入院4日、投薬1が月程で完治しましたが、本当に生きた心地がしませんでした。アクリルケースの使用や、部屋の暖房、冷房は人間がいない時もつけっぱなしで温度管理をしているつもりでしたが、鳥は寒さにとっても弱いので、それ以来、冬～春まで鳥専用のヒーターをカゴに取り付けています。

また、金属中毒についても調べて、部屋のあらゆるところを徹底して確認しました。

メッキされた装飾品　、アンティーク調の置物、カーテンウェート　、塗料・昔の水道管、安価な鳥カゴ、ガスコンロの五徳、金属以外にも観葉植物や塩、壁紙を貼る糊などで中毒を起こすそうです。これらを調べる事で人間も、鳥も安心して暮らせる環境になりました。「黄太郎」はそれ以来病気をすることなく元気いっぱいの毎日を過ごしています。

もっと楽しむ
とりカフェ
鳥好きコラム

店員が語るフクロウ秘話

ふくろうの里・星野敬太、斎藤祐樹、川本千裕

「じじ&きい」

夜行性とのイメージがありますが、人の手で育てられたフクロウたちは、好きな時間に寝起きします。朝から「お腹が空いた」と甘えてきたり、「遊びたい」と羽を広げたりと、皆とても元気です。一番の年長者は、ベンガルワシミミズクの「じじ」と「きい」です。（P42参照） 店の窓から外を眺めることが大好きな「じじ」と「きい」は、朝早くから、窓辺に上げて欲しいと騒ぎ立て、グローブを差し出してあげると、我先にと腕に飛び乗り、窓辺へ急ぎます。店の前を通りかかると必ずといっていいほど、窓際に、2羽を見ことができます。通行人をのんびり見つめている様子は、「あの人毎日通るね」「ねー」なんていう会話が聞こえてきそうです。生まれた時からずっと一緒で、何をするにも仲の良い2羽ですが、実は性格はまったくの正反対なのです。「じじ」はやんちゃで懐っこいところがあり、少し甘えん坊。「きい」は引っ込み思案で、気の強いところがあります。おもちゃで遊ぶのが好きな「じじ」が一緒に遊んで欲しいと「きい」の足下におもちゃを置いて怒られたり、お互い毛づくろいをし合ったりと、日々のんびり幸せに暮らしています。大型の猛禽類は、凶暴で怖いイメージがありますが、こんな風にゆったりまったりと、過ごしています。

「ワルツ&ピーチ」

体の大きさも種類も違うメンフクロウの「ワルツ」と、アメリカワシミミズクの「ピーチ」は、とても仲の良いコンビです。2羽は、まだヒナの毛でモコモコの時期から一緒にお店で育ち、「じじ」「きい」のように常に一緒。「ピーチ」をお迎えしてすぐ、ご飯を食べることが下手だったり、壁に向かってダッシュしたりと、様子がおかしく、視力がかなり弱かったのですが、ある日、完全に視力を失ってしまいました。病院に連れて行ったりご飯の栄養に特に気を遣ったりと、色々手は尽くしたものの、視力が戻ることはなく、パニック状態になってしまいました。スタッフ一同、頭を抱えていたところ、「ワルツ」が、「ピーチ」の傍にいき、毛づくろいをして甘えるのです。「ピーチ」は徐々に落ち着きを取り戻し、目が見えないながらも、のんびり暮らせるようになりました。「ワルツ」が「ピーチ」を救ったのです。

「あずき」

玩具で遊ぶことが大好きなコキンメフクロウの「あずき」はどんな時でも玩具を追いかけ、ガジガジと噛んで遊びます。眠たいときでもガジガジと噛んできたまま寝てしまうような子ですが、ひとしきり遊ぶと、唐突に頭を下げ、なでなでして！のポーズをとるのです。なでてあげると身をよじり気持ちよさそうな表情を見せ、また遊びだします。みんなこのポーズに心を奪われて、つい応じられるまま撫でてしまいます。

「アルト」

警戒心が強く臆病なフクロウは、住み慣れた場所から新しい場所に移動することで、食事もとらないほど警戒し、衰弱してしまうことがよくあるといいます。

メンフクロウの「アルト」は、お店に来てからの数日間、食事もとらずピクリともせずに壁際に張り付いていました。次第に痩せ始め、スタッフも頭を抱えてしまったある日「じじ」、「きい」がアルトを自分の羽で「アルト」を抱き寄せ、一晩包み込んで守ってあげたのです。安心したのか、それ以降「アルト」はご飯もよく食べ、次第に明るい表情を見せるようになったのです。

お店で一番の愛嬌を振りまく「アルト」は、店で一番臆病なフクロウだったのです。当時、怯えながらピンセットに口を伸ばしていましたが、今は、掃除中の私の背中を目掛け飛んできます。

是非、ふくろうの里のフクロウたちに会いに来てください。

あずき

店の前、見上げると『じじ』と『きい』。

ワルツとピーチ

猛禽を飼う人へ

ハリスホーク・オーナー　鈴木　鷹則（スズキ　タカノリ）

猛禽類は、フクロウ類と、タカ類の二つに分けられます。猫のように自由気ままに飼育していくのであれば、フクロウ。散歩したり、飛ばしたりしたいならタカでしょう。自分の生活スタイルや、環境の変化等、本当に飼いきることができるのか、十分に考えてください。種類別の個性もあり、見た目だけでなく、個体ごとの内面的な性格も見極めて飼育するのが大切です。

両種とも、飼育する場合、小型、中型、大型とサイズによる違いがあります。飼育スペースの確保ができれば、中型～大型の方が基本的には飼育が容易です。小型は代謝の関係、餌の関係により、毎日の世話が必要で、病気にもなりやすく、在宅の仕事や常に家にいるような人向けです。

中型～大型は慣れやすい種類もいて、中型～大型は野生下では、2、3日餌を食べずとも生きていけるため、万が一、出張、仕事で連泊がある人も、飼育可能です。大型個体は、寿命が長く、自分に、人に慣れない個体を飼いはじめてしまっても、飼いきる覚悟を持って、飼育しなければなりません。

猛禽類の飼育は、止まり木などの設備、餌やり、訓練、清掃、病気、爪や嘴、足革やリードのメンテナンス、事故への注意など、多岐にわたります。とくに、訓練は、とても、時間と手間がかかります。

飼育するにあたっては、是非、現在飼育している方や、購入予定先、販売店などに色々と教えてもらいましょう。私も飼育前に他の飼育者に会いに行って話を聞いたり、飼育後は購入先に何度も電話して、たくさんのことを教えてもらいました。無知では、何気ないことが死につながったり、病気につながったりします。鳥専門の病院もあるので、不安なときは病院に連れて行きましょう。

ハリスホーク（茶々丸）とわたし。
ハリスホークはタカの入門編と呼ばれるぐらいですが、猛禽類には稀に見る集団性があり、仲間意識が高いことと関係があります。頭がよく、いろんな状況変化にも素早く順応します。逆に頭が良い分、悪いことも覚えるのが早いので、入門編とはいえ、調教には注意が不可欠です。ハリスホーク以外は、基本的に単独の狩り、ペアのみ心を許す鷹です。

あとがき

とりース!思えば〝野鳥〟を生業とする僕が、この本を出版するまでに至るきっかけは、一昨年前に「ことりカフェ」の一日店長をやらせてもらったことだろう。そこで『とりカフェ』の楽しさを知り、次は「鷹匠茶屋」に行ってみた。対照的な2つのお店を訪れたことで、ひとくちに『とりカフェ』と言っても、各々に個性があること、オーナーさんとの会話が楽しく、学ぶところも多いことを発見する。「そうだ、あちこちのお店に行ってみよう!」こうなると一気にエンジンがかかる。「ふくろう茶房」、「ふくろうの森」、「FUKUROKOUJI CAFE」、「　鳥のいるカフェ」、今はなき、「文鳥カフェことりや」、「ピッコログーフォ」…、と、とりカフェ巡りの日々。

ひょんなことから、本にまとめてみようという話が出た後も、一人のお客として出かけ、お店の普段の姿を取材するスタイルは変えなかった。そうして気付けば40店。内装やメニュー、鳥の見せ方、触れ合い方などは、それぞれの店に違いとこだわりがあり、その違いが楽しかった。

個人的には、もふもふして触るよりも、ただ鳥を眺めるのが好き。まさにとりカフェバードウォッチング。ライティングがよい店で撮影していると、野鳥を撮影しているときと同じように興奮してバードレナリンがドバドバードで、楽しい。

冒頭でも触れたが、普段『野鳥』に関する仕事をしている僕がこの本を出版することに、違和感を覚える人も少なくないと思う。実際、『飼い鳥』の業界と『野鳥』の業界がまみえる機会は殆ど無く、分けて考える人も多い。でも僕の周囲には、鳥を飼っているバードウォッチャーもいるし、反対に野鳥を見ているうちに鳥を飼いはじめた人もいる。鳥を飼ったことがきっかけでバードウォッチングに興味を持った人もいるし、なかには大切に飼っていた鳥が死んでしまったあと、2代目を飼わずにバードウォッチングをはじめたという人もいる。

もしこの本を手にしてくれたあなたが鳥を飼っていて、まだバードウォッチングをしたことがなかったら、是非、野外で生きる、大空を飛ぶ鳥に目を向けてみてほしい。

もしこの本を手にしてくれたあなたがバードウォッチングをしていて、野鳥好きならば、「なんだよ、とりカフェって」って言わずに、一度とりカフェを訪れてみてほしい。

鳥を飼っている人とバードウォッチャーの共通項は、とてもシンプル。共に、鳥が好きってことだ。

お礼

原稿の確認などや、アドバイスをしてくれたイーフェニックスの池田さん、無理難題や、細かすぎるオーダーにつきあい続けてくれたデザイナーの米林さん、コラムや用語を担当してくれた船堀さん、鈴木さん、ふくろうの里のみなさん、用語を担当してくれた石田さん、脇屋さん、フクロウ図鑑とインコ図鑑の校正、監修をしてくれた清水さん、ありがとうございます。一人では行きづらいカフェに同伴してくれた友人、多忙な中、校正をしてくれた續さん、撮影に快く協力をしてくれたお客さん、この本の出版に協力をしてくれたとりカフェ、グッズメーカー&作家のみなさんありがとうございます。そしてカフェの鳥たち、ありがとうございます。

協力・Special Thanx　（50 音順、敬称略）

石田博巳（新宿フクロウカフェもふもふ）、岡野あゆみ、片柳英幸、片柳優子、KIM SIRIKAN、けーこ&みぃ、小山めぐみ、清水宏、鈴木鷹則、高橋愛未、續ゆき子、中村咲子、ふくろうの里（星野敬太、斎藤祐樹、川本千裕）、★船堀いんこ★とうがらしみゆき、松本朋子、山口都、米澤ひとみ、脇屋記代、取材協力してくれたお店&お客さん、鳥たち

P100 クイズ!アタック 15 回答：1. コガネメキシコインコ / 2. ジャンボセキセイインコ / 3. セキセイインコ / 4. セキセイインコ / 5. ホオミドリウロコインコ / 6. ジャンボセキセイインコ / 7. コバタン / 8. コキサカオウム / 9. マメルリハインコ / 10. セキセイインコ / 11. セキセイインコ / 12. オカメインコ / 13. キソデボウシインコ / 14. セキセイインコ / 15. オカメインコ / 16. ワカケホンセイインコ / 17. オオハナインコ / 18. オカメインコ / 19. オカメインコ / 20. コザクラインコ / 21. コザクラインコ

写真掲載している鳥の索引

インコ、オウム、フィンチ、ハト他

フクロウ、タカ、ハヤブサ、ペンギン、フラミンゴ

お店での通称が正式和名と異なるものは（）内に正式和名を追記しています。
正式和名以外に通称があるものは「・」後に追記しています。

掲載店リスト

Webサイトにぱぱっとアクセス！ 掲載店QRコードリスト

とりカフェさんぽ

Shall we go to bird cafe?

イーフェニックスの鳥本

ふくふくオカメインコ

新子 友子（著）

難しいことは全てナシ！オカメインコの可愛さを楽しむ一冊です！

コミック：192 ページ；掲載鳥種　オカメインコ

ISBN-13: 978-4-903974-72-9 【900 円＋税】発売日：2013/6/16

ふくふくオカメインコ2

新子　友子（著）

オカメのいない生活なんて。飼い主の深い愛に驚愕せよ

コミック：160 ページ；掲載鳥種　オカメインコ

ISBN-13: 978-4-903974-94-1 【900 円＋税】 発売日：2014/9/2

鳥の専門家が書いた セキセイインコの飼育本

メイトマン（著）

強くて元気なセキセイインコと長く暮らすために

飼育本：80 ページ；掲載鳥種　セキセイインコ

ISBN-13: 978-4-908112-06-5 【900 円＋税】 発売日：2015/8/1

購入は書店またはアマゾンにて

鳩胸退屈文鳥

汐崎　隼 (著)

「文鳥の可愛らしさを全国に伝えたい」文鳥コックエッセイ。

コミック : 176 ページ ; 掲載鳥種　文鳥

ISBN-13: 978-4-903974-60-6 【900 円 + 税】 発売日 : 2012/12/18

にわとりこいちゃん

インコ時々ニワトリ。ちょっと切ない現実も

さちよん (著)

スズメを食べるニワトリ !? ニワトリを食べる……。

コミック : 128 ページ ; 掲載鳥種　ニワトリ　ヨウム

ISBN-13: 978-4-903974-79-8 【600 円+税】発売日 : 2013/12/3

いいちこインコ

とある焼酎 (の箱) 好きオカメインコの日常

花沢　りん吉 (著)

ニコニコ動画で大人気のオカメインコがついにコミックに。

コミック : 160 ページ ; 掲載鳥種　オカメインコ

ISBN-13: 978-4-903974-96-5 【900 円+税】 発売日 : 2013/12/12

beauty in the nature

セキセイインコ、オカメインコが住むオーストラリアの大地

岡本　勇太 (著)

野生の鳥が織り成すオーストラリアの野生の鳥写真集。

鳥写真集 : 96 ページ ; 掲載鳥種　オーストラリア産インコ多数

ISBN-13: 978-4-903974-49-1 【1200 円+税】 発売日 : 2013/10/20

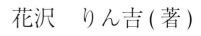

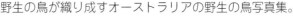

♪鳥くん（永井真人 ながい まさと）

元歌手、日本初のプロバードウォッチャー。合言葉はROCK & BIRD。鳥の魅力を一人でも多くの人に伝えたい。バードウォッチングツアーガイド、野鳥写真提供のほか、執筆、講演、学校での特別授業、イラスト、コンサルタント、TV、ラジオ出演など、野鳥にまつわるさまざまな活動をしている。著書に「♪鳥くんの比べて識別野鳥図鑑670」（文一総合出版）、「バードウォッチングの楽しみ方」（枻出版社）「東京近郊野鳥撮影地ガイド」（山と渓谷社）「鳥ビア」（アスペクト出版）などがある。

デザイン、装幀、地図：米林沙樹

編集：♪鳥くん

「とりカフェさんぽ」
♪鳥くんが行く、鳥とふれあえる関東エリアの「とりカフェ」30軒！

2016年2月28日　初版第一刷発行

著者（文、写真）♪鳥くん（永井真人）

発行人　池田智子

発行所　イーフェニックス Book-mobile

〒160-0022 東京都新宿区新宿 5-11-13 富士新宿ビル4階
TEL：046-283-1915　e-mail：info@e-phoneix.biz
FAX：046-293-0109
URL：http://e-phoenix.biz

印刷、製本：光写真印刷株式会社

Copylight@2016 Masato Nagai All rights Reserved
Printed in japan
ISBN 978-4-908112-14-0

定価はカバーに表示してあります。

乱丁・落丁本がございましたら小社出版営業部までお送りください。

送料小社負担でお取り替えいたします。

本書の無断転載・複写・複製を禁じます。